BEATRICE FARBER (eine Zeitläuferin für Gerd Steinkoenig)

MICHELLE CONNERY (Seele von Gerd Steinkoenig)

36 ISBN-BÜCHER UND MEHR VON GERD STEINKOENIG

C P 11.06 und 12.06.2022

PROLOG

Gerd Steinkoenig hat ein neues Foto hinzugefügt.

Gestern um 18:27 ·

Liebe ist nur ein Wort!! Von Simmel!! Hab ich heute endlich wieder das Buch erstanden! Ich hab zig Simmel-Bücher, aber "Liebe ist nur ein Wort" hatte ich leider nicht mehr. Und heute wieder zu den Spendenbüchern pro 1 Euro... Für ein

Kinderhospitz! Und da war DAS Buch!! Da war ich 14 oder 15 Jahre alt, als ich es las. Und ich hab mich verliebt in dieses Buch! Und nochmal verliebt: mit Judy Winter im Film Liebe ist nur ein Wort... Irgendwie hatte ich es vergessen, aber trotzdem: bei meinen eigenen Büchern ist dieses Buch dabei... Anscheinend hat man tatsächlich 9 Leben - ich hab immer noch Leselektüren von mir von Simmel, Karl May, Robert Ludlum, Stephen King, Pearl S Buck, Brecht, Böll und und... Vater hatte in meiner Jugend Bücher von ihm für mich mit John Steinbeck, Ernest Hemingway etc - vielleicht war auch Vater mit 9 Leben: in den letzten 40 oder 50 Jahren hatte er nicht mehr viel Bücher gelesen... Wie auch ich: seit zig Jahren hab ich kein Buch mehr gelesen! Unfassbar! Ich kaufe immer wieder interessante Bücher - aber man sollte auch lesen... Wäre auch gut für mich mit meinen Synapsen, Artikulationen, Horizonte... Als Statement "Liebe ist nur ein Wort" begleite Ich auch heute noch: viel Liebe mit Menschenfrauen und Katzemäädsche Molly - aber auch: Liebe ist nur ein Wort - wenn eine Frau Göttin war und wurde dann eine Teufelin (zwischen 2014 bis 2017/18...). Die 9 Leben heißt Zeitoasen mit Büchern, Musik, Filme, TV-Serien, Politik, Zeitgeister, Jobs, Moden, Autos, Menschen, besondere Frauen und und...

«Ich habe ein Geschenk für dich. Schau in die Küche. dem Tisch.»
Also gehe ich in den winzigen Nebenraum, während sie das Radio andreht. Auf dem Küchentisch liegt ein daneben, in fünf Stücke geschlagen, eine kleine Scha setze die Stücke zusammen und lese, was auf dem E

LOVE IS JUST A WORD
FROM THE ORIGINAL SOUNDTRACK OF
«AIMEZ-VOUS BRAHMS?»

LIEBE IST NUR EIN WORT...
Sie hat ihre Lieblingsplatte zerschlagen. Die Platte, ihre Lebensphilosophie ist. Oder war?
Nebenan ist das Radio warm geworden. Ich höre doch ermutigende Musik. Langsam gehe ich in die
... dem Radio.

VORSTELLUNG VON BEATRICE UND MICHELLE

Beatrice - ich bin Beatrice, eine Zeitläuferin aus dem Universum! Ich war neben der Erde vorbei gedüst und da hatte ich das Gefühl von Gerd bemerkt. Wir hatten 3 Bücher geschrieben. Es ist schön zu diesem Abschluss, da zu sein!

Michelle - Ich heiße Michelle. Wir hatten auch ein Buch geschrieben, weil ich Gerds alte Seele bin! Sehr schön, das wir zwei schreiben können über unseren Gerd. Ich hätte noch ein neues Statement von Gerd:

8. Juni um 11:07 ·

1972 in der Tagesschau - ich mit ca 13... War damals normal... Fernsehkrieg Vietnam! In den 70ern war noch bittere Wahrheit ohne Ablenkung...

Das wurde aus dem Napalm-Mädchen

Hanoi – **Das Foto bewegt die Welt bis heute.**

Nackt und schreiend läuft ein 9-jähriges Mädchen

Das weltberühmte Foto ist noch heute ein Mahnmal für die Schrecken von Kriegen

am 8. Juni 1972 im Vietnam-Krieg aus ihrem Dorf auf den Fotografen zu. Der damals 21-jährige Vietnamese Nick Ut drückte auf den Auslöser. Das Kind hieß Kim Phuc und war auf der Hälfte seines Körpers von Napalm-Bomben verbrannt. Ut brachte das Mädchen ins Krankenhaus. Die „New York Times" veröffentlichte das

Kim Phuc (59) als Erwachsene

Foto auf der Titelseite. Es wurde „Pressefoto des Jahres". Ut, der es für die Agentur AP schoss, erhielt den Pulitzer-Preis.

Kim Phuc (59) lebt heute in Kanada und arbeitet als Friedensbotschafterin.

Fotos: NICK UT/AP/DPA

IMMER ZEITEN MIT GERD

Michelle - Unser Gerd ist sensibel durch das Phänomen "Zeit"! Er meint oft, das Zeitgeister vergessen werden. Wer kennt heute noch aus den 1970ern oder 1980ern? Oder eben meine Qual als meine Seele von Gerd mit diesem Napalm-Mädchen! Oder diese "Zeitgeister-Propaganda" mit Godfather of Propaganda Joseph Goebbels, Verschwörungen mit Mondlandung 1969 oder JFK-Mord oder 9/11 oder Lady Diana, der Propaganda-Krieg des 21. Jahrgunderts, dieser Putin-Krieg 2022...

Beatrice - ...Ihr dürft - Gerd und du - nicht so viel denken! Gelassenheit! Ich hab viele Hunderte Jahre gereist, hab viele Hunderte Horizonte, durch diverse Zeitreisen. Wir hatten uns kennengelernt, besonders durch unser 1. Buch. Da waren auch viele Zeiten. Aber Gerd hat seinen Plan. Er hat Fortschritte, Entwicklungen, auch durch seinen Schlaganfall von 2017. Er hat positive Energien! Gerd denkt zu viel, weil er viel Intelligenz hat, denkt über diese Menschen und über das Lebewesen Erde.

Michelle - und Gerd hat ein sonniges Gemüt - trotz Blues, Probleme,
Lebenstätigkeiten. Guck mal, liebe Beatrice:

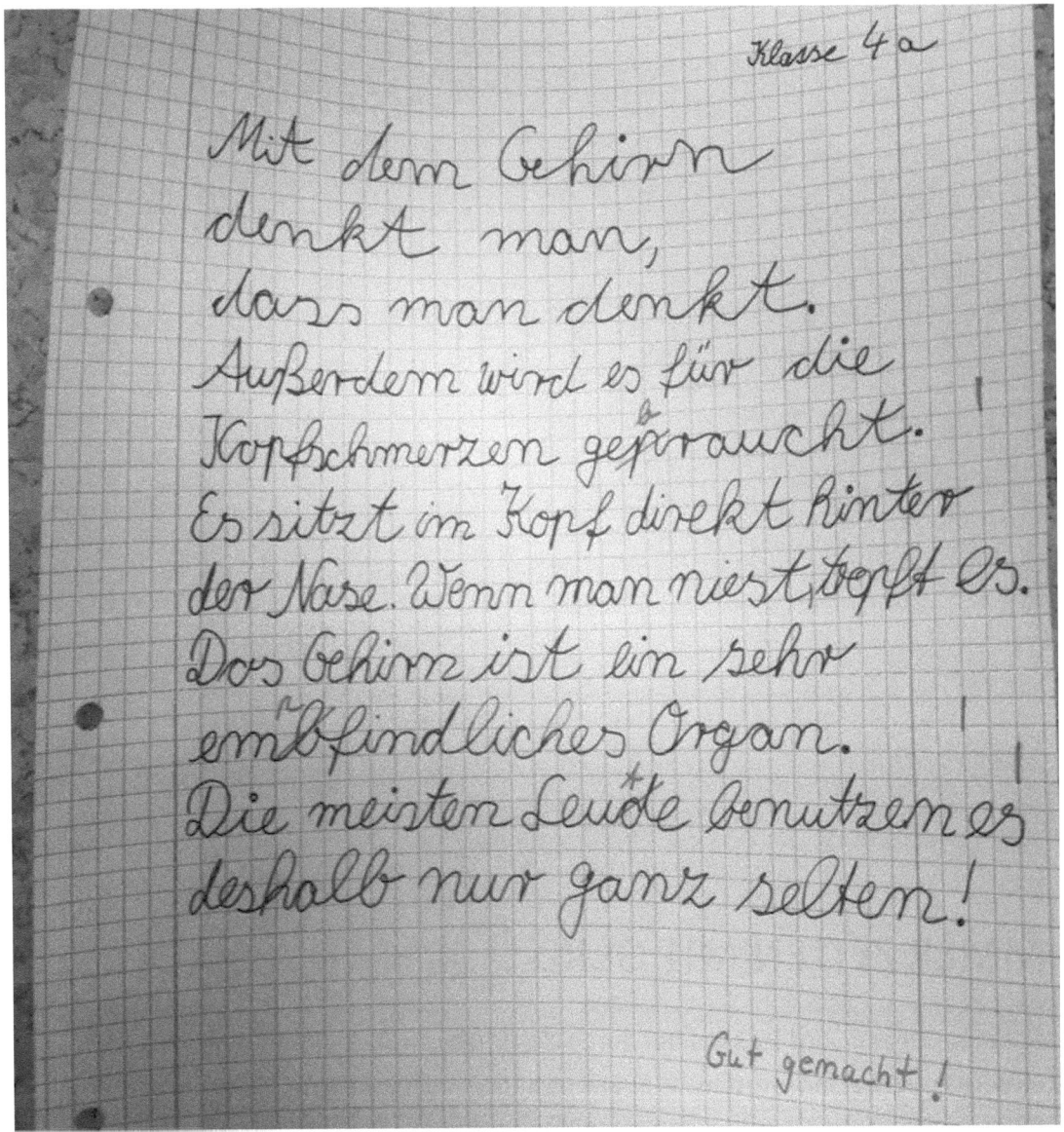

Beatrice - Hahahaha, DAS ist Gerd! Er hatte einige Sprüche und Gags von facebook...
Wir machen einen Ausflug aus den 36 ISBN-Büchern und weiteres. Hast du Lust,
liebe Michelle?

Michelle - Ja klar!

2017: DAS ERSTE BUCH VOM JANUAR 2017 "BLOOD IN THE ROOFTOPS"!

Beatrice und Michelle im Chor - Einige Fotoshots aus diesem ersten Buch... 13 Fotoshots...

Der Rock n Roll (...
(Bestechung von DJs und Radiostationen - heute wohl eher normal....) rüttelte an der ersten der Payola-Skandal
Jugendmusik, die Aufstand gegen die Erwachsenenwelt bedeutete und die junge Klientel als
ernstzunehmende Konsumenten verstand, als Geldquelle. Produzent Phil Spector mit seiner
"Wall of Sound" (Be My Baby/Ronettes) war ein kreativer Impuls, ansonsten schien die neue
Musik nur eine Modeerscheinung zu sein.

Da kamen 4 Jungs aus Liverpool und erfanden das Gerüst der Popmusik, die bis heute
nachhallt. The Beatles! Da kam ein junger Folkmusiker namens Robert Zimmermann, der
sich Bob Dylan nannte und prosaische Texte über Amerika, Lebensgefühl, Gesellschaft in
die Musik einbrachte. Da waren die Beach Boys, die mit dem Album Pet Sounds der
Steigbügelhalter für die epochalen Beatles-Alben wie die Sgt. Pepper wurden. Die
Jugendmusik - damals war es noch Jugendmusik, wer konnte damals schon ahnen, das
"langhaarige Affen" die Musik zum weltumspannenden Allgemeingut machen sollten, das
Musiker wie Paul McCartney oder Elton John zum "Sir" geschlagen werden würden, das
Rockmusiker vor den US-Präsidenten spielen würden - setzte zur endgültigen Siegesfahrt an.
Die Rolling Stones, The Who, Kinks, Hollies, Animals, Yardbirds, Cream, Dusty Springfield,
Procol Harum u.v.a. aus Großbritannien (mit dem Oberbegriff "Beat"), die Byrds, Doors, Jimi
Hendrix, Janis Joplin, The Grateful Dead, Frank Zappa, The Monkees, The Mamas & The
Papas, Simon & Garfunkel u.v.a. aus den USA definierten den Soundtrack der 60er. Jeff Beck
lllierte mit Rod Stewart auf Truth. Das Musicals Hair (1967)und später Jesus Christ

...zeppeln die Platten...

...Manche Bands von damals könnten womöglich heute gar nicht mehr groß...

...Dafür werden viele heutige Bands durch das Internet groß - und die Plattenfirmen...

...ihnen) Dies war ein Abriss des 20. Jahrhunderts der Rock- und Popmusik, wo...

...Namen fehlen... Da fallen mir gerade spontan ein, Alan Parsons Projekt, No...

...oder Fischer Z, James Brown, Johnny Cash oder Midnight Oil oder Aerosmith, Rush,

...Smith Group, Earth Wind & Fire, En Vogue, Gloria Gaynor, Simple Minds,

Commodores, The Fugees, Spirit, Quicksilver Messenger Service, Creedence Clearwater

...Cat Stevens, Randy Newman, Radiohead, Spice Girls oder Santana, Joni Mitchell,

Blue Öyster Cult, The Band, Fats Domino, Alice Cooper, Miles Davis, Kim Wilde, Cheap Trick,

Beyoncé, Travis..., die Namensliste ließe sich beliebig verlängern - von The Weight (The

Band) bis Because The Night (Patti Smith Group)... Zu erwähnen sind auch The Carpenters,

total unterschätzt, aber welch Stimme von Karen Carpenter: Close To You! Die

RockPopCountryFolkHipHopDancePunkSoulBluesJazzReaggaeWorldTechnoSwingMetalProg

UndSonstigeMusik des 20. Jahrhunderts ist ein unerschöpflicher Quell an Sounds, Tönen,

Gefühlen, Texten, Lebenseinstellungen, Inspirationen, Momentums, Zeitgeistern,

Evergreens, Urschreien, Melancholie, Seele, Revolution, was auch immer! Eine Menge

Künstler hätte in jedem Jahrzehntabschnitt genannt werden können, David Bowie oder Eric

Clapton seit den 60ern. Heutige Künstler schufen ihre Musik unter dem Einfluss früherer

Jahrzehnte, die Rockmusik erneuert sich immer wieder selbst. Trotz heutiger

Industrienormen bleibt zu hoffen, das niveauvolle Musik - egal ob Rock, Pop, Metal oder Hip

Hop - auf Dauer überlebt bzw. nicht in einer Nische verkümmert. Wie ich irgendwo im Buch

schrieb: selbst im über 1000seitigen Rocklexikon fehlen wichtige Leute... Ich merkte es beim

...ein Musiker taucht z.B. nur im Kapitel SONGS auf, ein anderer ... In diesem Kapitel wird von R.E.M. die Out... People. Aber dieses

---

November Rain deutsche Übersetzung

novemberregen

wenn ich in deine augen sehe

kann ich eine unterdrückte Liebe sehen

aber liebling wenn ich dich halte

ist dir dann nicht klar, dass ich gleiches empfinde

denn nichts währt für immer

und wir beide wissen, dass herzen sich ändern können und es ist schwer, eine brennende

kerze zu halten

im kalten novemberregen

wir haben all dies nun erlebt

seit so langer, langer zeit

und haben versucht, den schmerz zu betäuben

aber liebhaber werden immer kommen

und liebhaber werden immer gehen

ganz mir... als...

wenn du mich als...

dann, liebling halte nichts zurück...

sonst werde ich am ende doch noch hinaus...

in den kalten novemberregen

brauchst du etwas zeit ... ganz für dich

brauchst du etwas zeit ... ganz allein

jeder braucht ein wenig zeit ... ganz für

weisst du nicht, dass du etwas zeit bra

ganz allein

ich weiss, es ist schwer sein herz off

wenn sogar freunde darauf aus zu ...

aber wenn du ein gebrochenes he...

heilen könntest

würde dir die zeit dabei nicht hi...

manchmal brauche ich etwas z...

manchmal brauche ich etwas

jeder braucht ein wenig zeit

weisst du nicht, dass du etw...

ganz allein

HOMMAGE AN DIE FRAUEN (17.03.2013 auf blog.de)

Und ewig lockt das Weib...

Ihr seid Mütter, Ehefrauen, Geliebte, Kolleginnen, Chefinnen, Seelenverwandte...

Euer Körper, Euer Geist, Eure Seele...

Ihr seid verständnisvoll, taff, visionär, erfinderisch, modern, aufopfernd, helfend, kämpferisch, zärtlich, Ihr seid so viel...

Ihr tanzt Ballett und erzieht Kinder

Ihr trefft politische Entscheidungen und kümmert Euch um Eure Lieben

Ihr erfindet die Zukunft und Euch selbst neu

Ihr schreibt Bücher und Ihr macht so viel...

Ihr seid das Beste, das Wichtigste, das Schönste auf dem Planeten

Ihr seid verführerisch und hübsch, begehrenswert und erotisch

Ich weiß, Ihr könnt Biester, Zicken, Diven sein

Hommage an die Frauen: Ich liebe Euch!

22. August 2015 · IDYLLE

Sonne und Schatten

An Häusern, verwinkelten Gassen

Nahrung für Körper, Geist,

das ist die Idylle von Annweiler a

2. März 2015 um 12:47

Gestern sah ich im WDR die er
RÜBEN, ein Zeitzeugnis über di
getauft).

Was mir gestern bei den erst
Gedankenerfindungen von N
1970ern schon GELEBT! Die
Weltveränderungswille. Und
Systemverweigerung war fü
Lieder von Walter von der V
Einzug. Kraftwerk, Can, Sco

Ton Steine Scherben lebte
leben, zu teilen, zu musizie
politischen Geschehnissen
erstmal gekifft: eine Band
nicht erst seit facebook-Z
einer Talkshow erst das T
malätrieren. Kleine Eindr
Kraut und Rüben!

2. März 2015 um 12:47

Gestern sah ich im WDR die ersten 2 Episoden der 6teiligen Dokumentation KRAUT UND RÜBEN, ein Zeitzeugnis über die Anfänge Deutscher Rockmusik (in England Krautrock getauft).

Was mir gestern bei den ersten 2 Episoden frappierend auffiel: Vieles was heute als Gedankenerfindungen von Neugeistern, Spirituellen, Lebensbildergurus gilt, wurde in den 1970ern schon GELEBT! Die Musik war je nach Genre voll Experimente, Idealismus, Politik, Weltveränderungswille. Und auf Kommerz wurde geschissen, das ist ja Kapitalismus. Systemverweigerung war für viele der Weg. Ougenweide spielten auf Originalinstrumenten Lieder von Walter von der Vogelweide. Erst mit Udo Lindenberg erhielt der Kommerz Einzug. Kraftwerk, Can, Scorpions und Tangerine Dream feierten im Ausland Erfolge.

Ton Steine Scherben lebten kapitalistenfrei auf einem Bauernhof um da zusammen zu leben, zu teilen, zu musizieren. Floh de Cologne fassten in ihren Texten ihre Meinungen zu politischen Geschehnissen zusammen: Lucky Streik. Vor einem Konzert wurde bei vielen erstmal gekifft: eine Band hieß nicht umsonst Bröselmaschine. Und das Fernsehen wird nicht erst seit facebook-Zeiten gedisst: Anfang der 1970er z.B. kritisierte ein TSS-Musiker in einer Talkshow erst das TV-Medium, um dann mit einem Vorschlaghammer den Tisch zu malätrieren. Kleine Eindrücke aus den ersten 2 Episoden. Schaut bei you tube mal rein: Kraut und Rüben!

Die Gnade der frühen Geburt: ich durfte wenigstens stellenweise dieses Feeling des Lebens erfahren: z.B. Pennen und Teilen nach einem Abend im "Smile" oder "Thing" in Wohngemeinschaften, der Besuch von 3 Tage- Umsonst und Draußen-Festivals (unsere Woodstocks), echte Arbeitnehmerrechte usw.

Heute regiert Kommerz, Industrie, politikfreier AngeberHipHop usw, Rudi Dutschke und Rio Reiser sind auch schon lange tot, daher als Fazit folgender Song, schon damals die Erkenntnis:

43

10

SAMSTAGE...

... mit ihrem Eigenleben. Wie von Geisterhand stürzen Männer wie Lemminge in die Baumärkte, an jeder Ecke hört man einen Rasenmäher, um 1/2 Vier hört man beim Hämmern und Werkeln die BundesligaKonferenzschaltung im Radio, wenn man es nicht laufen hat, hallen die Reporterstimmen von einem Nachbarn: Dorfleben, egal welches Jahrzehnt.... Vieles wandelt sich durch Technik, Zeitgeist, Entwicklung, was weiß ich - aber manches bleibt: Samstage - Vorfreude auf das Saturday Night Fever (damals "I Feel Love", heute seelenloser 08/15-Techno), Auto waschen (damals zu Hause von Hand, heute Autowaschanlage), Vorfreude auf TV-Samstagabend-Shows (damals Am laufenden Band oder Ohnesorge, heute Wetten Dass oder DSDS), seit über 50 Jahren Das Aktuelle Sportstudio, Samstagssachen einfach (ich hoffe, wegen Energieknappheit oder Armut, kommt das 1mal in der Woche-Baden am SA nicht zurück...). Im Laufe des Lebens, im Wandel der eigenen Jahre, hatte der Samstag immer wieder neue Prioritäten. Rudi Carrell gucken mit den Eltern, Zeiten später mit den Freunden die Umgebung unsicher machen: Grillpartys, Kneipen, Discos, Homepartys... Je älter man wird, ändert sich wieder das Verhalten: die Lebenserfahrungen von heute mit der Jugend von damals - das wäre optimal.... Andererseits wiederum nicht, oder doch? Wer weiß, was geschehen wäre bei anderen Abbiegungen im Laufe des Lebens. Schließlich bin ich rundum zufrieden, wen hätte ich womöglich gar nicht kennengelernt, welche Bereicherung des Lebens hätte ich nicht erfahren dürfen.... Ich möchte keinen Tag jünger sein. So viele wertvolle Erkenntnisse des Lebens durfte ich erfahren. An Samstagen hab ich immer ein besonderes Gefühl, anders wie an anderen Tagen ;-)

SMOKE ON THE WATER (AUS DER WIKIPEDIA)

... 4. Dezember 1971 war Deep Purple in Montreux, um ein neues Album in einem mobilen ... aufzunehmen. Sie bezogen ...

SONGS

Stairway To Heaven (Led Zeppeli...
Supper's Ready (Genesis)
Afterglow (Genesis)
Burning Rope (Genesis)
Echoes (Pink Floyd)
Us And Them (Pink Floyd)
Comfortably Numb (Pink F...
While My Guitar Gently ...
And I Love Her (The Bea...
A Day In The Life (The ...
Every Little Thing She ...
Spirits In The Materi...
Mysterious Way (U...
It´s A Beautiful Day...
Brothers In Arms ...

HELLO (Shakespears Sister)

Major Tom hörte die "British Greats" von K-Tel mit den Walker Brothers, Dave Clark Five, The Mindbenders, Manfred Mann u.a., sinnierte dabei, was für´s Space-Tape der beste Beach Boys-Song wäre, Good Vibrations oder God Only Knows und erfuhr via facebook, das sein Kumpel Gerd endlich ein Buch über Musik und Mehr (z.B. über das Leben) veröffentlichen wird.

Hatte Gerd, alias Magic Fly, alias Zeitensammler, endlich sein Büchlein geschrieben. Da beschloss David Bowie ääh Major Tom für seine nächste Reise ins All den Soundtrack der Seiten mitzunehmen, die Klänge von Pink Floyd und Led Zeppelin, Genesis und Miles Davis, The Beatles und Kate Bush, Udo Lindenberg und Deep Purple, Rihanna und Casper, Neil Young und U 2, Adele und Söhne Mannheims, Earth Wind & Fire und Guns n Roses..... Und er entschied: God Only Knows ist der Beach Boys-Song fürs All....

Dark and grey, an English film, the Wednesday play
We always watch the Queen on Christmas Day
Won´t you stay?
(die ersten Zeilen vom Buchtitel-Song "Blood On The Rooftops", Genesis 1976)

ZEIT

Stoisch steht das Haus und widersteht Gezeiten und Stürmen, genießt Sonnenschein und Vogelgezwitscher

Die Hauswand ist nach 115 Jahren verwittert, stolz steht am Türbogen 1897

Kaiserzeit, Anstand und Kinderzüchtigung waren im Hausinneren

Später wurden im Haus Andersdenkende vor dem Staatsmord versteckt

Neue Bäume und Sträucher wachsen vor dem Haus, im Hinterhof tollen die Kinder

Das Haus sieht Wirtschaftswunder, APO, neue Moden

Die Fenster blicken auf die glückliche Mutter mit dem Nachwuchs, die vor Kurzem selbst noch Nachwuchs war

Und welche Melodien an die Wände schallten: La-Le-Lu von Heinz Rühmann, später Glenn Miller

Dann hörte der Bruder die Stones, die Schwester die Beatles...

Das Haus könnte ein Buch über die Menschen schreiben

Deren Verhalten, die Beeinflussung durch Suggession von Medien und Staat

Gesellschaftswandel, Zeitenwandel, neue unsichtbare Gesetze, neue Zeitgeister

Doch das Haus steht weiter stoisch und ist neugierig auf zukünftige Dinge

Gerd Steinkoenig 21. April 2012

GERD STEINKOENIG·DIENSTAG, 3. JANUAR 20175 Mal gelesen

An Silvester gab es auf 3Sat wieder 24 Stunden Pop Around The Clock. Ich suchte mir den Rolling Stones-Konzert von 2016 aus Havanna (Kuba) aus - sozusagen mit US-Präsident Obama als Vorgruppe, hahaha. Die Jungs, alle so um oder über 70, sind sicherlich nicht die beste Rock n Roll-Band der Welt, wie sie sich gerne selbst bezeichnen - aber die Stones sind definitiv die coolste Band der Welt. Sie beginnen mit einem Song, alles schlendert instrumental so klimperisch vor sich hin, Mick Jagger stolziert wie seit über 50 Jahren wie ein Gockel über die Bühne und es wirkt kein bisschen lächerlich. Plötzlich erhöht der Song den Drive, ein Gitarrensolo von Ron Wood tümpelt vor sich hin und verstärkt sich zu einem hypnotischen Solo, Keith Richards spielt seine gekonnten Riffs (mehr kann er nicht mehr), aber es klingt cool, lässig. Charlie Watts am Schlagzeug beobachtet von hinten seine Streuner und lächelt altersmilde. Mick Jagger röhrt und stolziert, seine Gang will doch nur spielen, soviel, was ein Straßenjunge halt kann. Ja, ja, sie sind Millionäre und über 70, aber genauso klingen sie und das ist verdammt cool. Und die Menge in Havanna tobt! Nach 20 oder 30 oder 40 oder 50 Jahre Warten tanzen sie endlich mit ihren Idolen.

The Beatles aka Fab Four

GERD STEINKOENIG·SONNTAG, 29. NOVEMBER 20154 Mal gelesen

Eines meiner ersten musikalischen Entdeckungen waren 1973/74 die Beatles! Seit ca 1969 hörte ich bewusst Musik, aber na ja, was hört man mit 9 oder 10, 11.... Middle Of The Road, ZDF-Hitparade.... 1972 die erste "Bravo", The Sweet. Slade, T. Rex.... 1973 kam die Made in Japan von Deep Purple

Das Ende der Menschheit ist schon da...

GERD STEINKOENIG·DONNERSTAG, 21. JANUAR 20166 Mal gelesen

... wir merken es nur noch nicht. 6mal in der Geschichte der Erde, fand ein rapides

Artensterben statt bis zu 98 %. Geläufig ist das Aussterben der Saurier. Momentan sterben

so viele Arten aus, wie noch nie seit den Sauriern. Seit 1970 sind 52% (!!) aller Arten

ausgestorben, viele sind vom Aussterben bedroht. Der Klimawandel ist nur ein Mosaikstein.

Das Große, Ganze ist die Natur mit ihrer aussterbenden Vielfalt. Man stelle sich die Natur als

ein großes Netz vor, wenn Fäden gezogen werden, passiert noch nichts (obwohl: kommt auf

den Faden an...), wenn es zu durchlässig wird, dann fällt das Netz auseinander (in diesem

Fall: das Ökosystem). Alles hängt miteinander zusammen. Wie das aber in der Biologie so

ist, vieles merkt man erst nach langer Zeit. Dann ist es zu spät. Es müsste ein großes Wunder

geschehen - langfristiges statt kurzfristiges Denken, Abschied von fossiler Energie usw - um

noch die Kurve zu kriegen. Wie ich die Menschheit kenne, in ihrer grenzenlosen Gier nach

Geld, Wohlstand, in ihrer dummen Oberflächlichkeit, glaub ich nicht dran. Also, Goodbye

Homo Sabiens! Die Natur bastelt schon lange an einem NachfolgerModell...

GERD STEINKOENIG·SONNTAG, 27. SEPTEMBER 2015

Warum heißt Allerweltsschlager von Andreas Bourani bis Tim Bendzko "Neuer Deutscher Pop"?? Der ME hats in seiner Oktober-Ausgabe erkannt: Neue Deutsche Scheißmusik... Nur gut, das es Made in Germany 2015 noch Culcha Candela oder Grönemeyer gibt :-D

Warum werden überall Weltkriegsbunker mit meterdicken Schutzdecken abgerissen?? Weil der Kalte Krieg "ewig" vorbei ist? Und was ist mit Nahost, Ukraine, Syrien, Nordkorea, Russland, USA, Terrorschläfer, Terroranschläge....

Alles gelassen und locker nehmen! Harmonisch und gezielt seine Ziele angehen (der Weg ist das Ziel). Sich nicht verrückt machen lassen von Medien, Verschwörern, Internet"Wahrheits"Gurus... Frei nach Lindi: Ich mach mein Ding...

Menschlichkeit kommt wohl vom Hauptwort "Mensch"! Komischerweise heißt es bei "menschlich" immer: Liebe ist menschlich, oder Güte, Vertrauen, Demut, Hilfsbereitschaft usw. Dabei ist es doch logisch, das MENSCHlichkeit auch Mord- und Totschlag, Machtmissbrauch, Gier oder Perversion heißen kann...

The Doors - The Doors

Sweetheart Of The Rodeo - The Byrds

Disraeli Gears - Cream

Electric Ladyland - Jimi Hendrix

Truth - Jeff Beck

Tommy - The Who

Cheap Thrills - Janis Joplin

Arthur - The Kinks

Happy Trails - Quicksilver Messenger Service

The United States Of America

Dusty in Memphis - Dusty Springfield

Easy Rider - Soundtrack (Steppenwolf, Byrds u.a.)

On Time - Grand Funk Railroad

1970er

Deep Purple in Rock

Made in Japan - Deep Purple

(Untitled) - Led Zeppelin

The Song Remains The Same - Led Zeppelin

Wish Y... Pink Floyd

Animals - Pink Floyd

The Wall - Pink Floyd

Foxtrot - Genesis

Selling England By The Pound - Genesis

The Lamb Lies Down On Broadway - Genesis

A Trick Of The Tail - Genesis

Wind and Wuthering - Genesis

Never Mind The Bollocks - Sex Pistols

Rumours - Fleetwood Mac

Crime Of The Century - Supertramp

Breakfast in America - Supertramp

Watch - Manfred Mann's Earthband -

Yessongs - Yes

Going For The One - Yes

Songs In The Key Of Life - Stevie Wonder

The Kick Inside - Kate Bush

Darkness On The Edge Of Town - Bruce Springst

Harvest - Neil Young

Rust Never Sleeps - Neil Young

Heroes - David Bowie

Alladin Sane - David Bowie

Mensch Maschine - Kraftwerk

Bad Girls - Donna Summer

Actually - Pet Shop Boys

Frankenchrist - Dead Kennedys

Thriller - Michael Jackson

Purple Rain - Prince

Ghost In The Machine - The Police

Zenyatta Mondatta - The Police

Woman And Children First - Van Halen

IV - Toto

Red Skies Over Paradise - Fischer Z

Aretha - Aretha Franklin

First Time - Grandmaster Flash & The Furious Five

Moving Pictures - Rush

Fugazi - Marillion

Misplaced Childhood - Marillion

Face Value - Phil Collins

Legend - Bob Marley

Ideal - Ideal

85 555 - Spliff

Out Of Time - R.E.M.

Use You... - Nirva...

Nevermind - Nirvan...

The Division Bell - Pink Floyd

Anthology-Serie - The Beatles

Blue Lines - Massive Attack

Dummy - Portishead

OK Computer - Radiohead

Ten - Pearl Jam

Automatic For The People - R.E.M.

Grace - Jeff Buckley

The Score - Fugees

Violator - Depeche Mode

Music For The Jilted Generation - The Prodigy

Raveland - Marusha

Achtung Baby - U 2

Medusa - Annie Lennox

Die Bestie in Menschengestalt - Die Ärzte

Die vierte Dimension - Fantastischen Vier

Weißes Papier - Element Of Crime

The Delirium Years 1991-1997 - Porcupin...

Artist Of The Century - Elvis Presley

2000er

Curtain Call (The Hits) - Eminem

Michelle - Es ist mal wieder durcheinander...

Beatrice - ...weil wir es gemacht haben wie unser Gerd: durcheinander... Und auch mal ein bisschen verschwommen, hahaha... Aber im Ernst: Gerd war bei den 2017er Bücher - besonders dieses erste Buch - mit mehr Arbeitswut, Differenzierungen, mehr Wortjonglierungen! Es war eben "davor", bevor der Schlaganfall kam im September 2017...

Michelle - das war ausgerechnet 1 Tag früh morgens nach der Bundestagswahl... Typical Gerdsche... Er hat auch "danach" tolle Bücher geschrieben. Aber "davor" war mehr Enthusiasmus. Andererseits hatte er gerade bei den letzten Büchern tolle Klappentexte gehabt! Und natürlich geile Bücher performed...

Beatrice - ich kenn seine Bücher. Als Zeitläuferin ging das sehr schnell in einer Minute, hihihi... Durch Gerd bin ich nun zum 4. Mal auf der Erde, er hat mich fasziniert!

16

Michelle - ich kenn ihn seeeehr gut, ich bin schließlich seine Seele!

3 NO-isbn-BÜCHER VON 2018 (die "nature stoned"-Bücher) NACH DEN SCHLAGANFALL-KLINIKEN

Michelle - Schade, das es kein ISBN ist, keine Veröffentlichung. Aber es war gut so, im Nachhinein nach der Zeit dann schon...

Beatrice - Die Zettelchen von der Klinik Alzey, ein Zeitdokument! Dieses Momentum ist ewig - was Gerd so dachte durch die damaligen Synapsen-Logik. Du hast recht, im Nachhinein denkt Gerd anders als jetzt 2022.

Michelle - Der rote Faden war im Endeffekt trotzdem. Verdrehte Sätze, missverständliche Worte, aber der rote Faden ist im Großen und Ganzen da. Mir gehts als Seele viel besser als vor September 2017: seitdem kein Alkohol, kein Rauch...

Beatrice - Das stimmt! Gerd hat ein bisschen nachgeweint, was "damals" so war... Der Joint im Neil Young-Konzert zum Beispiel... Paralell hat er die Alk-Pralinen von seiner Mutter nicht angerührt. Nach ca 9 Wochen - war immer im Nachttisch - schenkte er es zu den PflegerInnen...

Michelle - Gerd und auch ich hatten viele Naturinstinkte! Die Außenstehenden kapieren es nicht von Schlaganfall. Es ist sehr individuell, bei ca 12 Leuten in der Alzey-Station waren 12 diverse Diagnosen. Jedes Gehirn ist anders, jedes Gehirn ist individuell. Aber die Leute...

Beatrice - Ich verstehe es, ich hab schon härtere Begebenheiten erlebt durch diverse Lebewesen durch diverse Planeten in verschiedenen Sonnensysteme... Komm, wir machen wieder "Durcheinander"-Fotos aus diesen 3 NO-isbn-Büchern!

Michelle - Ja klar!

Gerd Steinkoenig

DAS EICHHÖRNCHEN AUS DER DIMENSION

25.9.18 bis 6.3.18

Memo ... mit diversen Synapsen.

... ...el wild durch die Gedanken

Aus dem Zettelsurium:

Sie lacht!

Neues Leben! Neue Herausforderungen! Neue Ziele!

Hotel California strömt neue Aura und wegt den höheren Dimension in einer Reise ins eigene Gehirn.

Diamond Life ist eine Symbiose der zeitlosen Musik.

Und Freiheit, Freiheit, Freiheit: in meinem Leben wurde Oktober 2017 bewahrheitet (außer Easy Rider, Woodstock, Willy Brandt)

The Joshua Tree sitzt im Schatten am Baum und Lebenserfahrungen.

The Dark Side Of The Moon entdeckt mit roten Regenbogen hinter dem horizontgelben Sonne.

(30.10.17/2.11.17- beinhaltet die Überschrift: Seele durch Freiheit)

2017 war Momentum, Zeit ist relativ, Zeitgeist, Zeitfacetten, Genesis und Pink Floyd ist relativ, Nirvana und The Doors ist relativ...

2017 war 50 Jahre Summer Of Love (1967), war 40 Jahre Deutsche Herbst (1977), 30 Jahre The Joshua Tree (U 2, 1987), 50 Jahre Sgt. Pepper (The Beatles, 1967), 40 Jahre Never Mind The Bollocks (Sex Pistols, 1977).

2017 eine Fotostrecke mit Annweiler a.T., Landau, Kaiserslautern, dem Eichhörnchen am Baumstamm, das Dach mit Trauerweide, Baumfrühling in Annweiler, Downtown K-Town, Panorama Annweiler a.T., Trauerweide im Hagelgrund.

(ca. 10/2017)

Pulsierend durch Rush Hour

49

Aus LIEBE IST ALLES (2017)

(Ausschnitt aus Kapitel 2)

Sein letztes Album "Blackstar" erschien 2 Tage vor seinem Tod - und wenn man Videos und Texte sich reinzieht, selbst seinen Tod hat er zelebriert. (der Autor in Blood On The Rooftops über David Bowie)

James Blunt ist das Grauen aus der Musikhölle!!! Bei seiner Stimme ergreifen sogar die apokalyptischen Reiter die Flucht... (der Autor über James Blunt in Gerds Blood)

Zeiten ändern sich, Moden ändern sich, Kultur und Musik ändern sich, Medien und Techniken ändern sich. Aber entwickelt sich die Spezies Mensch weiter? (der Autor in Blood On The Rooftops Teil 2)

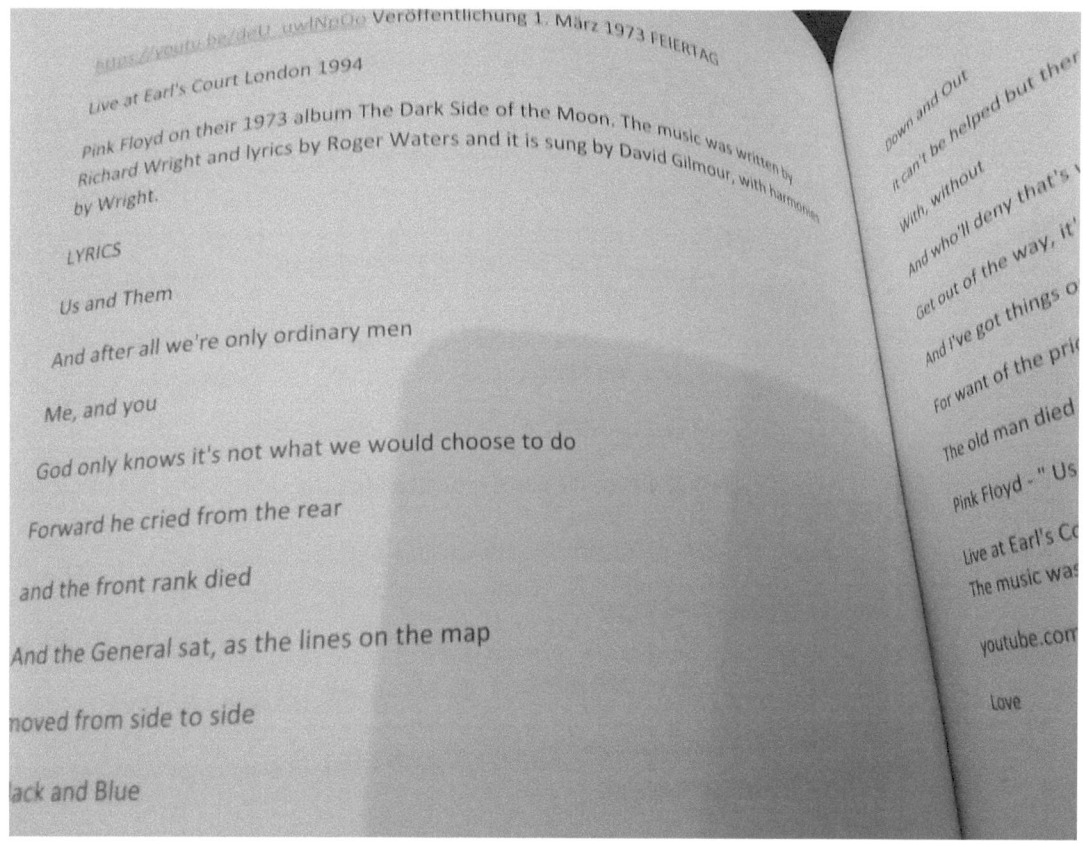

https://youtu.be/deU_uwlNpOo Veröffentlichung 1. März 1973 FEIERTAG

Live at Earl's Court London 1994

Pink Floyd on their 1973 album The Dark Side of the Moon. The music was written by Richard Wright and lyrics by Roger Waters and it is sung by David Gilmour, with harmonies by Wright.

LYRICS

Us and Them

And after all we're only ordinary men

Me, and you

God only knows it's not what we would choose to do

Forward he cried from the rear

and the front rank died

And the General sat, as the lines on the map

moved from side to side

Black and Blue

Down and Out

it can't be helped but ther

With, without

And who'll deny that's

Get out of the way, it'

And I've got things o

For want of the pri

The old man died

Pink Floyd - " Us

Live at Earl's Co

The music was

youtube.com

Love

In der ARD läuft gerade HART ABER FAIR, Merkel und so. In dem moment fällt mir ein: 3 Bundeskanzler seit 1982! DREI BUNDESKANZLER! Kohl, Schröder, Merkel! 1982 war ich gerade 23 Jahre alt! DREIUNDZWANZIG!! Damals in Mannheim gearbeitet, die NDW mit Nena und Ideal, "Africa" von Toto lief, der HSV war 1982 Hamburger Sportverein, wie heute Hamburger Schrottverein... 16 Jahre Kohl, 7 Jahre Schröder, 12 1/2 Jahre Merkel! Kalter Krieg war normal, die DDR war normal, die Mauer war normal... 1982 - 2018 heißt gerademal 3 Bundeskanzler in der BRD!!

Kein automatischer Alternativtext verfügbar.

Wow

Zappa geil!

Gedanken, Momentum.

GERMAN BEAT - SAMPLER - EP

Zwei Apfelsinen im Haar (France Gall)

Wunder gibt es immer wieder (Katja Ebstein)

Ganz Paris träumt von der Liebe (Caterina Valente)

Nur die Liebe lasst uns leben (Mary Roos)

Open Air Neil Young 1982: ER ist da! Die US-Boys chillen eine Purpfeife. Irh auch, entsc den Nächsten, it´s ok, it´s Rock n Roll...

Open Air Pink Floyd 1988: Drogenbullen, scheiße, nix Joint.... Shine on your crazy diamoind...

Vergangenheit ist Vergangenheit, Gegenwart ist Gegenwart für die Zukunft. ich bin gespannt, was die nächsten Zeiten machen... Positiv!!

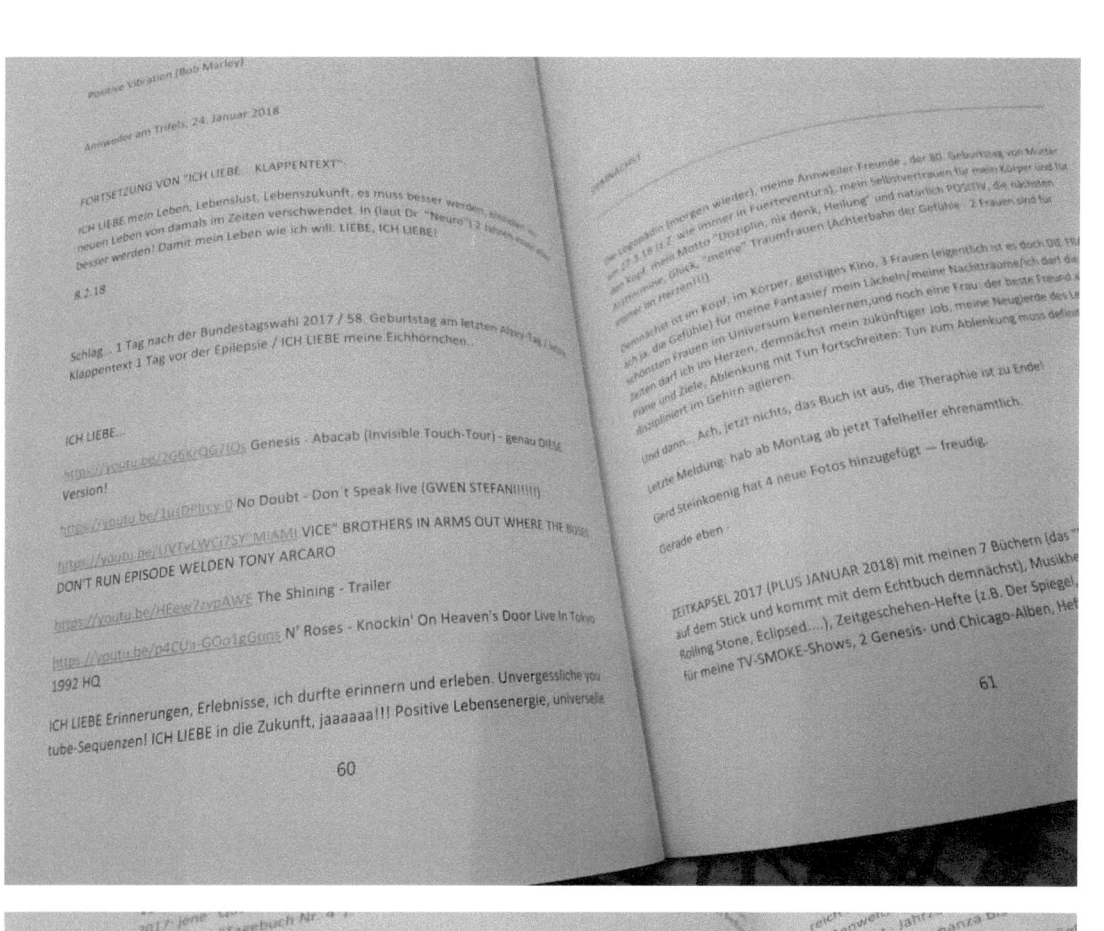

Positive Vibration (Bob Marley)

Annweiler am Trifels, 24. Januar 2018

FORTSETZUNG VON "ICH LIEBE - KLAPPENTEXT":

ICH LIEBE mein Leben, Lebenslust, Lebenszukunft, es muss besser werden, keinerlei im neuen Leben von damals im Zeiten verschwendet. In (laut Dr. "Neuro" 1-2 Jahren Frau ??? besser werden! Damit mein Leben wie ich will. LIEBE, ICH LIEBE!

8.2.18

Schlag - 1 Tag nach der Bundestagswahl 2017 / 58. Geburtstag am letzten Alper Tag / ???
Klappentext 1 Tag vor der Epilepsie / ICH LIEBE meine Eichhörnchen.

ICH LIEBE...

https://youtu.be/2G6KrQG7lOs Genesis - Abacab (Invisible Touch-Tour) - genau DIESE
Version!

https://youtu.be/1usDPbcy-0 No Doubt - Don´t Speak live (GWEN STEFANI!!!!!!)

https://youtu.be/UYTvLWCi7SY "MIAMI VICE" BROTHERS IN ARMS OUT WHERE THE BUSS
DON'T RUN EPISODE WELDEN TONY ARCARO

https://youtu.be/HFew7zvpAWE The Shining - Trailer

https://youtu.be/p4CUa-GOo1gGuns N' Roses - Knockin' On Heaven's Door Live In Tokyo
1992 HQ

ICH LIEBE Erinnerungen, Erlebnisse, ich durfte erinnern und erleben. Unvergessliche you
tube-Sequenzen! ICH LIEBE in die Zukunft, jaaaaaa!!! Positive Lebensenergie, universelle

60

Und dann... Ach, jetzt nichts, das Buch ist aus, die Therapie ist zu Ende!

Letzte Meldung: hab ab Montag ab jetzt Tafelhelfer ehrenamtlich.

Gerd Steinkoenig hat 4 neue Fotos hinzugefügt — freudig.

Gerade eben

ZEITKAPSEL 2017 (PLUS JANUAR 2018) mit meinen 7 Büchern (das
auf dem Stick und kommt mit dem Echtbuch demnächst), Musikhe
Rolling Stone, Eclipsed....), Zeitgeschehen-Hefte (z.B. Der Spiegel,
für meine TV-SMOKE-Shows, 2 Genesis- und Chicago-Alben, Hef

61

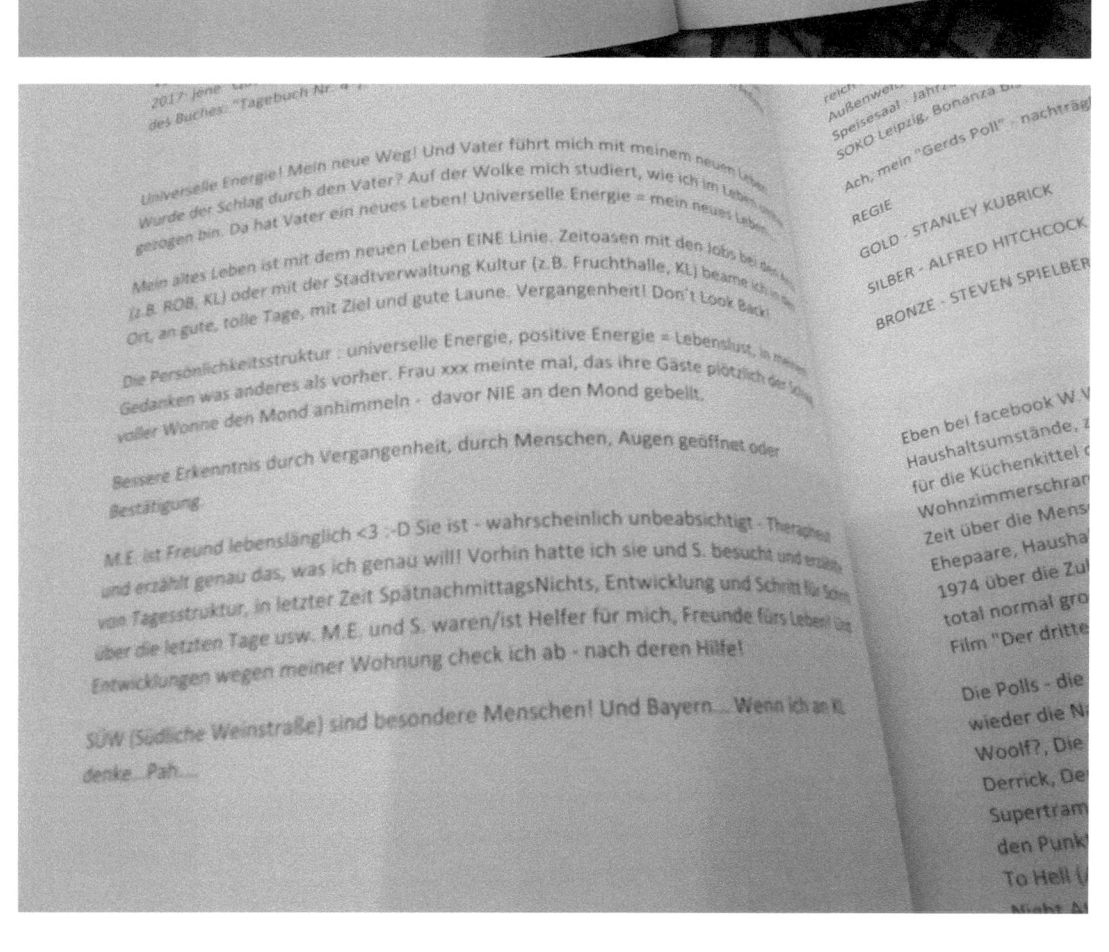

2017: Jene...
des Buches. "Tagebuch Nr. 4"

Universelle Energie! Mein neue Weg! Und Vater führt mich mit meinem neuen Leben
Wurde der Schlag durch den Vater? Auf der Wolke mich studiert, wie ich im Leben
gezogen bin. Da hat Vater ein neues Leben! Universelle Energie = mein neues Leben

Mein altes Leben ist mit dem neuen Leben EINE Linie. Zeitoasen mit den Jobs bei den
(z.B. ROB, KL) oder mit der Stadtverwaltung Kultur (z.B. Fruchthalle, KL) beame ich
Ort, an gute, tolle Tage, mit Ziel und gute Laune. Vergangenheit! Don´t Look Back!

Die Persönlichkeitsstruktur : universelle Energie, positive Energie = Lebenslust, in mein
Gedanken was anderes als vorher. Frau xxx meinte mal, das ihre Gäste plötzlich der
voller Wonne den Mond anhimmeln - davor NIE an den Mond gebellt.

Bessere Erkenntnis durch Vergangenheit, durch Menschen, Augen geöffnet oder
Bestätigung

M.E. ist Freund lebenslänglich <3 :-D Sie ist - wahrscheinlich unbeabsichtigt - Theraphed
und erzählt genau das, was ich genau will! Vorhin hatte ich sie und S. besucht und erzähl
von Tagesstruktur, in letzter Zeit SpätnachmittagsNichts, Entwicklung und Schritt für Schen
über die letzten Tage usw. M.E. und S. waren/ist Helfer für mich, Freunde fürs Leben! Las
Entwicklungen wegen meiner Wohnung check ich ab - nach deren Hilfe!

SÜW (Südliche Weinstraße) sind besondere Menschen! Und Bayern... Wenn ich an KL
denke..Pah....

---

reich...
Außenwel...
Speisesaal - Jahr...
SOKO Leipzig. Bonanza B...

Ach, mein "Gerds Poll" - nachträg...

REGIE

GOLD - STANLEY KUBRICK

SILBER - ALFRED HITCHCOCK

BRONZE - STEVEN SPIELBER

Eben bei facebook W.V
Haushaltsumstände, z
für die Küchenkittel o
Wohnzimmerschran
Zeit über die Mens
Ehepaare, Hausha
1974 über die Zu
total normal gro
Film "Der dritte

Die Polls - die
wieder die N
Woolf?, Die
Derrick, De
Supertram
den Punk
To Hell (
Night A

Aus dem Zettelsurium:

Sie lacht!

Neues Leben! Neue Herausforderungen! Neue Ziele!

Hotel California strömt neue Aura und wegt den höheren Dimension in einer Reise ins eigene Gehirn.

Diamond Life ist eine Symbiose der zeitlosen Musik.

Und Freiheit, Freiheit, Freiheit: in meinem Leben wurde Oktober 2017 bewahrheitet (außer Easy Rider, Woodstock, Willy Brandt)

The Joshua Tree sitzt im Schatten am Baum und Lebenserfahrungen.

The Dark Side Of The Moon entdeckt mit roten Regenbogen hinter dem horizontgelben Sonne.

(30.10.17/2.11.17- beinhaltet die Überschrift: Seele durch Freiheit)

Memo ...... mit diversen Synapsen.

...... wild durch die Gedanken

Aus dem Zettelsurium:

Sie lacht!

Neues Leben! Neue Herausforderungen! Neue Ziele!

Hotel California strömt neue Aura und wegt den höheren Dimension in einer Reise ins eigene Gehirn.

Diamond Life ist eine Symbiose der zeitlosen Musik.

Und Freiheit, Freiheit, Freiheit: in meinem Leben wurde Oktober 2017 bewahrheitet (außer Easy Rider, Woodstock, Willy Brandt)

The Joshua Tree sitzt im Schatten am Baum und Lebenserfahrungen.

The Dark Side Of The Moon entdeckt mit roten Regenbogen hinter dem horizontgelben Sonne.

(30.10.17/2.11.17- beinhaltet die Überschrift: Seele durch Freiheit)

2017 war Momentum, Zeit ist relativ, Zeitgeist, Zeitfacetten, Genesis und Pink Floyd ist relativ, Nirvana und The Doors ist relativ...

2017 war 50 Jahre Summer Of Love (1967), war 40 Jahre Deutsche Herbst (1977), 30 Jahre The Joshua Tree (U 2, 1987), 50 Jahre Sgt. Pepper (The Beatles, 1967), 40 Jahre Never Mind The Bollocks (Sex Pistols, 1977).

2017 eine Fotostrecke mit Annweiler a.T., Landau, Kaiserslautern, dem Eichhörnchen am Baumstamm, das Dach mit Trauerweide, Baumfrühling in Annweiler, Downtown K-Town, Panorama Annweiler a.T., Trauerweide im Hagelgrund.

(ca. 10/2017)

Pulsierend durch Rush Hour

49

Sich kennenlernen bekräftigt

Hoffnung sind mir immer gegen Windmühlen

Die Docs- von Landau bis Alzey

Glück im Unglück oder gute Schulnoten

mit Koordinierung, Artikulation

Rechte Hälfte lahmt, im Hirn ist noch

gewohnt, Schlag den Gerdsche

Gerd Steinkoenig

The Best of...

Per Anhalter durch meine Bücher

KAMPF

MUT

WILLE

DISZIPLIN

GELASSENHEIT, HARMONIE, DEMUT, LIEBE, GESUNDHEIT, HEILUNG, NEUES LEBEN

THE BEST OF...

7 ISBN-Bücher hatte ich 2017. Nach dem 7. Buch hatte ich den Break. Schlaganfall, Epilep[s]
Sinnigerweise: Mediainfarkt... Diese Momentums habe ich 3 NO ISBN-Bücher geschriebe[n]
(und CD-R-Sammlungen als "Bücher"). Chronologie im Dezember oder Januar oder April
oder Mai... Neues Leben heißt auch neue Gedanken über das Leben, über Gesundheit,
Gemeinschaft, Zweisamkeit, Gewohnheiten von mir im Leben, ca 9 Uhr aufstehen - frü[h]
[...mit Alkohol und Rauch. Wehmut mit Erlebnisse]

Speisesaal... Daktari... Bonanza... Eine der vielen Zettelchenschreibereien in der Klinik Alzey: Gag über die Fernseher, in jedem Zimmer, in jedem Haus, in jeder Ecke, die Firma hat sich gesund gestoßen...

LEBENSALBEN... 20 Jahre nicht gehört, dann die Studio-CD gehört und GENAU wieder die Melodie - das ist der Wahnsinn durch das Gehirn... LEBENSSONGS... z.B. DER EINE Song 2017.... VIVA im Oktober 2017... DIESER Song... Ewig für mich.. Für die Anderen mal wieder Schall & Rauch...

https://youtu.be/1yYV9-KoSUMMACKLEMORE FEAT KESHA - GOOD OLD DAYS (OFFICIAL MUSIC VIDEO)

(25. Oktober 2018)

FREI NACH BABYLON BERLIN

Moral, Respekt, Intelligenz - 2018? Politikmäßig NICHTS!

1929 in Berlin ohne Internet, mit Radio, Kino mit Stummfilm, enge Wohnungen, Familien/Zusammenhalt, die "widen 20er" abends im Tanzlokal in Berlin... - Zeitreise. Wiederholungen der Geschichte - 1929, 1932, 1933 mit 2017, 2018... Der 3. Weltkrieg? Human Nature mit sturem Ego. Der Löwe ist stark, der Mensch mit animalischen Instinkt. Die Tiere beobachten und schütteln den Kopf über die Menschen. Jaaa!!!! Liebe! Treue! Zweisamkeit! Team! Natur! Das gibt´s!!!! Moral!! Im Momentum von 1977 oder 1989 oder 2001! Im Momentum des Menschen für Zeitgeist, Propaganda! Was meinen Sie über Gott und Jesus oder Buddah? Haben Sie DEN Schlüssel der Antworten über den Weg des Menschseins? Die nächsten Seiten sind für Sie!! Schreiben Sie über Ihre Seele :-D <3

Severija Zu Asche, zu Staub (Psycho Nikoros) - Songtext Babylon Berlin

Zu Asche, zu Staub

dem Licht geraubt

doch noch nicht jetzt

Wunder warten bis zuletzt

Ozean der Zeit

ewiges Gesetz

zu Asche, zu Staub

zu Aschedoch noch nicht jetzt

Zu Asche, zu Staub

dem Licht geraubt

doch noch nicht jetzt

Wunder warten

doch noch nicht jetzt

THE SONG REMAINS THE SAME (Led Zeppelin)

Eigentlich müsste "Untitled" als Lebensalbum sein, aber DIESES Livealbum! Der Konzertfilm
war seiner Zeit voraus (MTV-Clips aus den 80ern war Jaaahre vorher). Der Sänger und der Gitarrenheld waren eine musikalische Symbiose. Robert Plant und Jimmy Page unterhielten sich mit Gesang und Gitarrensoli. Nackte Brust von Robert, Augen stoned und in die Gitarre versunken (Jimmy) - schon wieder Zeitoase. Ach, diese legendären 1970er... Experiment, Idealismus, Naivität = geile Rockmusik. Damals war von den Plattenfirmen einfach sehr viel Geld. Diesbezüglich war alles möglich. Und Mutter hatte meine MC versaut: "No Quarter" aus dem Livealbum abgechillt (ca 1977) und aufeinmal 3 Sekunden Deutsche Schlagermusik... Aaaah, Mutter!!! Natürlich auch der Übersong "Stairway To Heaven" - auch heute noch (!) Platz 1 bis 3 bei den besten Songs aller Zeiten! Übrigens: "Stairway To Heaven" (1971) war nie eine Single...

THE LAMB LIES DOWN ON BROADWAY (Genesis)

Bei den Fab Four (The Beatles), Pink Floyd, Neil Young, Kate Bush usw usw hat sicherlich mehrere Alben! The Wall bis Harvest, Abbey Road bis Achtung Baby usw usw... Und auf jeden Fall meine Band Nr. 1: GENESIS! Am Anfang des Buches sind ja einige Alben genannt. Für mich ist es schwierig, DAs Lebensalbum zu nennen. The Lamb ist der kreative Höhepunkt. Es war das letzte Album mit Peter Gabriel. Ich weiß noch, wie ich bei Kumpels hörte und eintauchte. Progrock de Luxe! Oder wie man in den 1970ern sagte: Kulturrock. Die DNA aus dem Album: "Carpet Crawlers". Und eben die anderen Alben: das unterschätzeste Album "and then there were three" mit melancholischer Zeitoase von
1978. Zwischen Lamb und three die 2 LPs mit vier Members (A Trick Of The Tail, Wind & Wuthering), ohne Peter, noch mit Steve Hackett, Phil Collins nun der Sänger: mein Sinnbild von Genesis sind diese 2 LPs. Kellerzimmer bei meinen Eltern, Sonntagmorgen nach dem Frühstück und chillen mit "A Trick Of The Tail" oder "Wind & Wuthering", Alben für die Songtexte lesen, dieses Sinnbild mit "Afterglow", "Blood On The Rooftops", "Mad Man Moon" usw... Es wird ein letztes Menschlein (schon 2018? 2078? 2219?) das letzte Ohr hören von "Mad Man Moon" und KEIN Mensch in der Ewigkeit NIE MEHR hören! Schall und Rauch & Zeitgeister... Dann kam der PopGenesis: Mama, Land Of Confusion... Tja, der Mainstream wird länger für das letzte Menschlein "I Can´t Dance" lauschen, aber das Epos "Supper´s Ready" ist untergegangen... Open Air in Mannheim 1987 - zumindest für mich - unvergesslich.

"Kaufliste" Genesis/Pink Floyd/The Beatles, The Doors usw...

"WEIßES ALBUM" (The Beatles)

Ca 1975 oder 1976 habe ich das "Weiße Album" der Beatles gekauft. Diese 4
legendären Fotos. Im alten Plattenschrank der Eltern gespielt. "Revolution No. 9" war
wow, was ist denn das. Ich weiß noch, wie Vater meinte, was das soll, das wäre doch
alt... Heute ist Wikipedia... - mit den Musiken (Stand 1968) aus dem 20. Jahrhundert
von Hardrock, Blues, Balladen, Ragtime, Folk, Country.... Meine Eltern haben das nie
geschnallt: ein Gemälde ist
auch in 200 Jahren ein Sinngenuss, aber diese komischen, langhaarigen Rockmusiker?
Songs für die Ewigkeit im Sinngenuss aus dem "Weißen Album" z.B. "While My Guitar
Gently Weeps", "Happiness Is A Warm Gun" oder "Dear Prudence".

THE DARK SIDE OF THE MOON (Pink Floyd)

Das Überalbum des Autors!! 1973 war ich Teenager mit "Bravo", The Sweet, Suzi
Quatro, Slade, T. Rex... Bisschen Deep Purple und natürlich The Beatles... Ja klar: ZDF-
Hitparade!
1973 veröffentlichte das Jahrhundertalbum "The Dark Side Of The Moon". Ich hab nix
mitbekommen. 1975 oder 1976 war ich in der Handelsschule bei meinem Aushilfs-
Englischlehrer: Plattenspieler, Dark Side, "Time" gehört, Text besprochen und übersetzt.
Ein famoser Text! Und diese Musik! WOOOOW!!!!! Musique concrete, inneinander
verfließende Songs, Gitarren, Keyboards, Time, Us And Them, Money und die
Herzfrequenzen am Anfang und am Ende. Mutter hatte für mich eine Uhr für die Dark
Side geschenkt durch Tiffany und durch das Pyramiden-Albumcover. Diverse Leben,
diverse Zeiten durch Dark Side Of The Moon: Open Air in Mannheim 1988, diverse
Freunde (M.B., M.K.,A.P. usw...)

MADE IN JAPAN (Deep Purple)

.... The Sweet-Single (1973? "Ballroom Blitz"..) und

Alles in "3 Schritte" erreichbar

Gemeinschaft, Hilfsbereitschaft

Nahrung für Körper, Geist, Seele -

das ist die Idylle von Anweiler am Trifels

Aus BLOOD ON THE ROOFTOPS:

ZEIT (veröffentlicht erstmals im Wochenblatt KL, 21. April 2012)

Stoisch steht das Haus und widersteht Gezeiten und Stürmen, genießt Sonnenschein und Vogelgezwitscher

Die Hauswand ist nach 115 Jahren verwittert, stolz steht am Türbogen 1897

Kaiserzeit, Anstand und Kinderzüchtigung waren im Hausinneren

Später wurden im Haus Andersdenkende vor dem Staatsmord versteckt

Neue Bäume und Sträucher wachsen vor dem Haus, im Hinterhof tollen die Kinder

Das Haus sieht Wirtschaftswunder, APO, neue Moden

Die Fenster blicken auf die glückliche Mutter mit dem Nachwuchs, die vor Kurzem selbst noch Nachwuchs war

Und welche Melodien an die Wände schallten: La-Le-Lu von Heinz Rühmann, später Glenn Miller

Dann hörte der Bruder die Stones, die Schwester die Beatles...

Das Haus könnte ein Buch über die Menschen schreiben

Deren Verhalten, die Beeinflussung durch Suggession von Medien und Staat

Gesellschaftswandel, Zeitenwandel, neue unsichtbare Gesetze, neue Zeitgeister

Doch das Haus steht weiter stoisch und ist neugierig auf zukünftige Dinge

Aus DAS EICHHÖRNCHEN AUS DER DIMENSION

LEBENSSONNE (12. Dezember 2017)

Raus! Sauerstoff! Luft! Blauer Himmel und Sonnenschein... Ich blinzele in die Sonne und

3

32

DAS UNTERSCHÄTZESTE ALBUM DER ROCKGESCHICHTE

SWEET FANNY ADAMS - (THE) SWEET / April 1974

Teenagerzeit mit Bravo, Schule, Kumpels aus Schwedelbach. Sweet (damals mit "The"...) hatten immer die "Ferien-Singles" mit Teenage Rampage, Ballroom Blitz, Hell Raiser, Wig Wam Bam usw. Sweet wollten Hardrock - die Komponisten/Produzenten wollten Glam als Teenieband... "Sweet Fanny Adams" war ein Album OHNE die Singles, meistens mit Hardrock, meistens geschrieben von den Band-Members! Der Titeltrack ist Punk!! Geile Songs sind "Set Me Free", "No You Don´t", "Rebel Rouser"... Erinnerungen damals... Ach ja... Und in meinem Buch der rote Faden: Schall & Rauch, vergessen, kein Mensch kennt "Set Me Free"... Na jaaa, natürlich Wikipedia über das Album, You Tube mit Sweet-Channel, alles klar, aaber... (25. Okt. 2018)

1

Sich kennenlernen bekräftigt

Hoffnung sind mir immer gegen Windmühlen

Die Docs- von Landau bis Alzey

Glück im Unglück oder gute Schulnoten

mit Koordinierung, Artikulation

Rechte Hälfte lahmt, im Hirn ist noch

gewohnt, Schlag den Gerdsche

Beatrice - In diesem Best of-Buch sind auch Ausschnitte aus den ISBN-Büchern! Es sind die 3 besten NO-isbn-Bücher!

Michelle - "Zeit" ist das zweite Mal dabei. Dies ist der Urknall von seinen Poesien. Das hat Gerd 2012 geschrieben. Da war er sogar im Wochenblatt von K-Town.

Beatrice - "Zeit" ist ein roter Faden wie bei Gerds Büchern... Meinst du das auch?

Michelle - Ja! Er hat einen Gedanken und er hat einfach geschrieben. Und doch wieder mit Zeit, Genesis, Pink Floyd, Samstage, Idylle, desweiteren...

A DAY IN THE LIFE - 4 ISBN-BÜCHER AUS 2017, 2019, 2 x 2022...

Michelle - Ist ja unfassbar! Wir haben 4 ISBN-Bücher aus 36 ISBN-Büchern ausgewählt... Eine Bestätigung, was Gerd immer meint: ALLE Bücher = EIN Buch!!

Beatrice - DER rote Faden, hahaha... Aber im Ernst: bei Gerds Büchern ist immer Chronologie, das momentane Gemüt, Gedankenimpulse...

Michelle - ...da hast du recht, liebe Beatrice. In unserem Buch ist sehr oft Gerds Schlaganfall. Gerd möchte aber kein Neurologe. Er hat Inspirationen durch Betreuerassistenten, Annweiler-Leute, seine Anwältin, facebook- und TV Leute. Und ist selbst Psychologe. Er will immer Entwicklungen und Fortschritte. Leider hat er keine Freundin oder überhaupt Menschen im Umkreis auf Dauer - außer Betreuer, desweiteren. Daher womöglich denkt er zu viel...

Beatrice - Gerd hat einen starken Geist! 2021 und 2022 als Beispiel war so viel und Gerd hat Sonne. Ich nehme an durch seinen Glauben. Nirwana, Inkarnation, Licht, das ist Gerd. Und seine Seele ist unendlich! Liebe Michelle, Du bist ja seine Seele, bist du...

Michelle - Ja! Ich bin unendlich!!

Beatrice - Geil! Es scheint immer so zu sein. Du weißt ja, ich bin Zeitläuferin und jedesmal ist es so mit der Unendlichkeit... Und wegen 2021, 2022: seine Katze Molly ist in der nächsten Lebensdimension, sein Leibarzt auch. Und Mutter hat das Elternhaus verkauft... Und was da war vom NachfolgerInnen - boah... Aber Gerd lacht... Gerade mit diesem Buchmomentum hat Gerd das NO-isbn-Kapitel gelesen und hat sich gleich wieder erinnert: DON´t LOOK BACK!!!!

Michelle - Ich weiß, ich bin schließlich seine Seele... Aber er hat positive Pläne und ich hoffe, er schafft es! Und wir machen wieder ein "Durcheinander"-Album von diesen 4 ISBN-Büchern! Aber diesmal mit 2 Fotos, damit es komplett ist, hahaha, mit der Poesie "A Day In The Life", ein kleiner Abriss von unserem Leben...

KAPITEL 2 - A DAY IN THE LIFE

Mein Elternhaus sehe ich nie wieder

Diskussionen über Politik und Fußball

Mit Vater bei der Autofahrt

Oder Autofahrt Heilig Abend zu Großvater

Mutter ist nur noch Telefon & Whats App

Sie wohnt nun in Fuerteventura

Oft hatte ich meine Eltern verflucht

Ich bin Rebell und Gerechtigkeitsfanatiker

MuVa waren in Kopf immer aus den 1950ern

"Wir bräuchten einen kleinen Hitler"

Meinte Mutter aus den 1970ern

Mit 25 Bevormundung

Dann Flucht mit meiner späteren Verlobten

Dann gehts ja, "de Gerd hott äh Fraa"

Eben aus den 1950ern von MuVa

Seit Jahren (Umzug ins Paradies)

Selbstvertrauen, starker Geist, Freiheit

A Day In The Life mit Erlebnissen

Pilze sammeln mit Vater

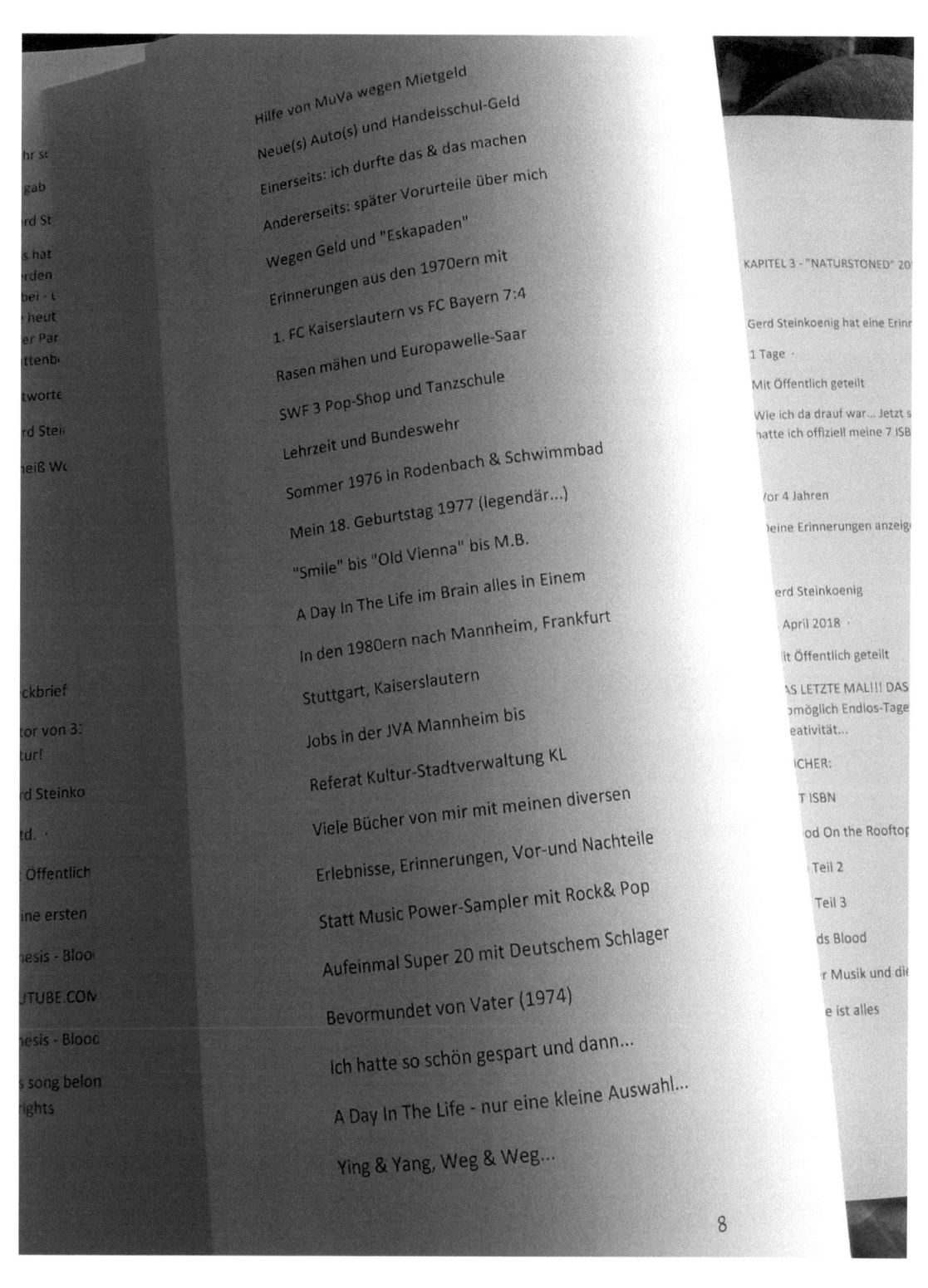

Hilfe von MuVa wegen Mietgeld

Neue(s) Auto(s) und Handelsschul-Geld

Einerseits: ich durfte das & das machen

Andererseits: später Vorurteile über mich

Wegen Geld und "Eskapaden"

Erinnerungen aus den 1970ern mit

1. FC Kaiserslautern vs FC Bayern 7:4

Rasen mähen und Europawelle-Saar

SWF 3 Pop-Shop und Tanzschule

Lehrzeit und Bundeswehr

Sommer 1976 in Rodenbach & Schwimmbad

Mein 18. Geburtstag 1977 (legendär...)

"Smile" bis "Old Vienna" bis M.B.

A Day In The Life im Brain alles in Einem

In den 1980ern nach Mannheim, Frankfurt

Stuttgart, Kaiserslautern

Jobs in der JVA Mannheim bis

Referat Kultur-Stadtverwaltung KL

Viele Bücher von mir mit meinen diversen

Erlebnisse, Erinnerungen, Vor-und Nachteile

Statt Music Power-Sampler mit Rock& Pop

Aufeinmal Super 20 mit Deutschem Schlager

Bevormundet von Vater (1974)

Ich hatte so schön gespart und dann...

A Day In The Life - nur eine kleine Auswahl...

Ying & Yang, Weg & Weg...

8

Beatrice - Und weiter von "Danach" (2019) bis "Zeit ist los" (2022)...

alles. [...] seitdem auf andere Weise [...] ihm meine richten [...]
Gedankengänge und Lebensschritte kreire.

Was die Zeilen über Gott betrifft: ich finde, da steckt sehr viel Wahrheit drin. Viele Menschen können nicht begreifen, genießen, sehen, schmecken, fühlen, was eine aufgehende/untergehende Sonne, ein Schmetterling, der Sternenhimmel, der Grashalm bedeutet. Und ein Wunder ist doch, das wir mit einer Affengeschwindigkeit auf einem Raumschiff namens Erde, durch das All düsen. Dabei dreht sie sich noch und schützt uns durch ihre Hülle. Was machen die meisten Menschen? Das Lebewesen Planet Erde zerstören... Die Evolution endet nie, die Natur braucht nicht die Spezies Mensch, also Mensch, mach nur weiter so mit macht- und geldgieriger Zerstörung von Regenwäldern oder Ozeanen oder Tierausrottungen oder Klimagau... Wirst sehen, die Evolution, die Natur Gott besiegt dich!

https://youtu.be/71swxdSzY1w OMNIA (Offical) - Earth Warrior

Dieser Song lernte ich durch meinen Lieblingsmenschen kennen und das Video verwendete ich in der 5. und letzten Episode meiner TV-Musikshow SMOKE - das Musikcafe. Gegen Monsanto und anderen Monopolisten und Erdzerstörern müssen wir vorgehen! Wie im Video?

ZWEIUNDZWANZIG

Heute ist Rock- und Popmusik für alle Altersklassen von 8 bis 80, von 6 bis 90... Viele Menschen werden mit ihren Idolen alt. Bei mir sind es Bands wie Genesis, Pink Floyd und The Beatles, aber auch eine Schauspielerin wie Nastassja Kinski (sie ist in meinem Album, ich kenne "Nasti" seit den ersten Fotos in der "Bravo"...). Mit 70 hört man heute nicht unbedingt Helene Fischer oder Andrea Berg, sondern z.B. die Rolling Stones, die ihre ersten Hits schließlich schon 1964 hatten!

Trotzdem hätten die Stones nach dem "Undercover"-Album (1983) aufhören sollen. Danach kam wenig erbauliches. Richtig gut seitdem waren nur die "Voodoo Lounge" (1994) und Blues-Album [...] Noel Gallagher (Oasis): "Rockmusiker jenseits der 30 [...] und heute Dreck [...]

---

von Rock [...] die Liste wäre endlos! Es gibt Bands, die gleich den Dreh rau [...] Sting... die Liste wäre endlos! Es gibt Bands, die gleich den Dreh rau [...] schwenkten glaubhaft von Progrock (z.B. "Nursery Cryme"-Album) [...] "Invisible Touch"-Album) und entgingen dem Schicksal von Yes u.a. [...] Mitte der 80er nur noch von Eingeweihten gehört wurden. The Pol [...] halben Dekade 5 Studioalben ("Regatta De Blanc", "Zenyatta Mon [...] allesamt Klassiker wurden und sagten tschüss (umso grandioser w [...] Welttour gefeiert).

Wer kennt Sandy Denny? Nach der Lektüre im Rocklexikon (roror [...] Bios über Fairport Convention und Fotheringay - da war Sandy Sä [...] tube vorbei... Wie schon in meinem letzten Buch "Über Musik un [...] ging in den 70ern, 80ern usw. vieles an mir vorüber. Die Fülle an [...] endlos.... Als Beispiele genannt Television (siehe Kapitel 3) und S [...] eine solch grandiose Sängerin sooo spät entdeckte!

https://youtu.be/Iz0C4Z845A0 Sandy Denny - Who Knows Whe [...]
Peel Show)

60er und 70er Folk vom Feinsten: Sandy Denny!

In den ersten 5 Büchern (besonders in "Blood On The Rooftops [...] wichtigen Namen, die zu meinen Favoriten gehören: von der "S [...] "Besten TV-Serien", von den "Erfolgreichsten Alben" bis zu Lieb [...] Lieblingsbüchern - ist alles in den 5 bzw. jetzt 6 Büchern verteil [...] vielleicht findet sich der Name in Buch 3. Die Topserie fehlt in [...] in Buch 4.... Daher ist in diesem Buch keine Vollständigkeit - di [...] EIN BUCH! Auch wenn sich manches wiederholt, z.B. Idylle-Pro [...] geile ARD-Rockpalast-Musik in den 70ern...

In den Büchern tauchen immer wieder you tube-Links auf. Sich [...] Lieblingsalbum forever nicht fehlen:

https://youtu.be/SGOi2EntIy4 Pink Floyd - Dark Side Of The M [...]

Und weiter in der Magical Mystery Tour:

DREIUNDZWANZIG

1. Navi CIS hat die Spin Off-Serien Navi CIS: L.A. und Navi CIS: New Orleans. Was viele nicht wissen: Navi CIS ist selbst eine Spin Off-Serie! Von welcher Serie?

2. Nenne 5 Songs, die das Wort "love" enthalten!

3. Welche Tennisspielerin war die erste Deutsche, die Wimbledon gewann?

4. Nenne 5 britische Fernsehserien!

5. In welchem Jahr stieg Peter Gabriel als Sänger/Songschreiber/Flötist von Genesis aus?

6. Wie heißt der Schauspieler, der Shaft im Original-Film "Shaft" darstellt?

7. Wer spielte die Jeannie in der 60er-Serie "Bezaubernde Jeannie"?

8. Wie heißt der Nachfolgefilm von "Haie der Großstadt"? (wieder mit Paul Newman in der Hauptrolle)

9. Nenne die Ehrenspielführer der Deutschen Fußball-Nationalmannschaft!

10. Wer sang das Original des Elvis Presley-Hits "Hound Dog"?

11. Wie heißt das Blues-Album, das die Rolling Stones 2016 veröffentlichten?

12. Nenne 5 Alben aus dem Jahr 1987!

13. Wie heißen die berühmten Schauspieler-Eltern von Moritz Bleibtreu?

14. Wie heißt die frühere Band von Gwen Stefani?

15. Welche große Schauspielerin war die Ehefrau von Humphrey Bogart?

Königspinguin, Menschebene, da Vinci!

Gerd Steinkoenig-Mittwoch, 22. Mai 2019

Der Mensch Steinkönig war vorher Königspinguin! In der Dynastie war ich in den höchsten Ebenen der Skorpion - im Mensch SkorpionSternzeichen, oder chinesische Sternzeichen Schwein. Ich bin als Schwein geschlachtet. Ganz früher in der Lebenschronologie war ich ein kleines Mäuschen, abgequikt durch die Katze... In der Hierachie bin ich weit gekommen: ich weiß aber nicht, ob Löwe oder Geopard oder Hirsch! Natürlich auch als Weibchen. Ich weiß nicht, ob ich erinnern kann. Wahrscheinlich war ich als Baum oder Bäumin als Pflanze: als Mensch verliebt in die Trauerweide. Und jetzt hat die Zeit anno 1959 die Hierachie mit neuer Ebene als Mensch neu geboren. Das erste Mal? War mein Gehirn nicht lebensfähig, dafür als Prüfung die Krankheiten heingesucht? Dann in die untere Ebene, als Panda oder Wal - oder gerade deshalb, ab als Maus für die Katze und der Schlange... Oder kein Weg zurück: das erste Mal Mensch, dann zum 2. mal, 5. mal, 9. mal??! Die Symbiosen von Tier und Mensch haben ihre Wege, Sinne, Schicksale, Vorhersehungen, überall. Unterschiede zu Gott, Glaube, Universum von/über Tier und Mensch! Tiere sind voller Treue und Liebe zu bösen, gewalttätigen Menschen - nur als Beispiel.

Annweiler am Trifels, März 2018

Fotos - Titel: Bad Bergzabern 2017 / K... ... 2017 ("Queen"

... war es vorbei. Zeitoase... Bei Suche eingestellt von mir. Aber ...beneWoche mit mir in der klitzekleine Synapse. V... am Januar? Was hat sie gedacht? Hat sie selbst verge... ...e heute und morgen-Logik mit Zukunft. Das möchte ich ... ...riegespräch habe mit ihr, dabei bin ich in der vergessenen ...nn von mir mit: wenn sie wüsste, hab ich durch meine ...ei ihre Gedanken momentan von mir gehabt, unsere/meine ...immer und ihr Augenmomentum bei der Toilettentür usw ...em Ego, Genuss meines Lebens - will sie auch... Sie ist ein November 2017, was sie jetzt wohl dachte, wie ich eben in ...tmomentum war, nun is es Juli 2018! Trotzdem: sie ist ein ...t. Daher: vielleicht, das sie selbst auch dachte - diese ... bringt nichts mit Spekulationen, aber wenn ich z.B. im ...k besuchen würde - und sie da wäre - würde sie dann doch ...obwohl seit Zeiteinheiten nix mehr von mir, weil sie ...e ich es suche - und ich muss mein Leben positiv, neuji... ...schliche Gehirn ist der Wahnsinn!

! Enthusiasmus - mittlerweile Langeweile und Gedanken... ...ochenende. War 2015 das Erstemal, diesmal nix. Ist ja un... ...ist sowieso Abzockerei. Aber die Zeiten... Es ist anders.

...il die Mutter sagt: Geh zum Friseur? Natürlich zum Friseu...

...utter die Zusammenarbeit? Ich bin ja nuuur 58!

...Gefühle wegen der Queen, zu viel Gefühle wegen meiner ...sgedanken wegen Erinnerungen!

... gemacht wird. Mit

...es ist verm... ...Anwältin, die Mutter, IC... ...Ich bin die Knetmasse. Am Besten durch Geduld, das Ael... ...hinkriege, das ich das neue Leben bin mit MEINER Freiheit!

Die Psychologin ist geil! Aufopfernd, hilfsbereit! Echt! Aber das BRD-System mit meiner Anwältin etc, machen sie was sie wollen! Ich bin selbstbewusst! Freiheit! Aber momentan hab ich Fesseln!

10.08.18

Die Zusammenhänge zwischen Fußball und Gerd Steinkoenig :-D

1954 ist 5 Jahre vorher... 1974 war dann der WM-Titel: langhaarige Fußballer, langhaarige Zuschauer, und mit mir der Hauptschulabschluss, Anfang von der Handelsschule, also positiv! Später mit Mittlere Reife, gelungene Lehre, Bundeswehr usw. 2 Jahre nach München 1972, 1 Jahr nach "The Dark Side Of The Moon" (Pink Floyd) und 1974 mit "The Lamb Lies Down On Broadway" (Genesis). 1974 natürlich nix, das war ca 1976 mit meinem Beginn der Plattensammlung. 1974 war The Sweet, Slade, Deep Purple, George McCrae, Les Humphries Singers und so... Die Beatles bin ich auch 1974 eine Faszination! Auch 73... Auf jeden Fall: WM-Titel 74, positiv 1974 mit Hauptschulabschluss und Handelsschule (Mittlere Reife). 1990 war dann der WM-Titel: italienische Deutsche durch die Serie A beim Gastgeber Italien... Heimspiel!! Meine Verlobte im Lebensabschnitt 1990! Zu dieser Zeit und 1 Jahr später war eine gelungene Zweisänkeit. Na ja, nochmal später war nix. Aber 1990 wars positiv: WM-Titel Verlobte! 2014 (WM-Titel!) war ein Jahrhundertsommer (1976, 2003, 2005 sind so spontan in den Sinn), 2014 eine "Lebensliebe" kennengelernt. Brazil vs Germany 1:7!!! Das hab ich gesehen, als Ablenkung von der "Lebensliebe" nach einem Telefonat... Das WM-Finale 2014 hab ich NICHT GESEHEN!!! Natürlich bei "LL", da gabs kein TV... DAS ist Liebe, lach :-D 2018 Vorrunden-WM-Aus, das schlechteste in History!! Nach dem "Break"... Überhaupt: durch mich und Vater: HSV erstmals keine Bundesliga, FCK in der Dritten Liga (!!!!!) und eben WM 2018-Aus. Ja, Vater und ich: Bundesliga uffm Betze mit dem FCK, war ca 1969-1972, gegen Bayern, Gladbach, Braunschweig... Und das legendäre Jahrhundert-BL-Spiel: FCK - Bayern 7:4!!! Ich hab - wie immer samstags in den 70ern - Badewanne gemacht und Kofferradio mit der Konferenz. Aus 1:4 wird 7:4 mit BayernSpieler Beckenbauer, Müller, Breitner... Das war soviel: FCK - Real 5:0 (die höchste Real-Niederlage im Europacup!), Deutscher Meister 1991 und 1998 beim FCK, Europameister 1980 mit Briegel (damals mit den Rodenbacher Kumpels und Tausende Menschen!), einfach Fan - neben FCK - Liverpool FC, Schalke, BVB, Barca, Juve...

11. August 2018

...Steinkönig...
Der Patient hat im Gehirn das...
rollen... "Kegeln" für alle, ich trottete dann dazu. Ich hab alles im Kopf! Und alles im Kopf
durch die Queen!!!!!!!!!!!!! Zimmer mit S.K. und Kollegin und ich... Kollegin Bett, in der
Mitte zwischen den Betten Queen und ich und TV mit ARD-Quiz... Da war auch
Telefonnummer, Queen hat sogar mein Phone den Sohn angerufen. Am letzten Abend in ihr
Bett die Kleidung vorbereitet und... Scheiße, es war der letzte Abend und ich wusste es
nicht...

Die weiteren Alzey-Geschichten in den Büchern und dann dieses, aber es waren tatsächlich
nur ca 5 Wochen, vieleicht 6, das war alles - und es war ewig... Ach so ja: der Park, war auch
Rundgang, viel Bäume, Rasen, Bänke. Ging nicht von klinikausgang sondern ein Stockwerk
tiefer, von da aus zum Park und zum Orientierungsmarsch... Ja, ich weiß, die Zimmer, die
Gänge. Und die Hundetheraphie, und das Singen und... Ach ja, das noch: am Ende des
Theraphiegangs (geradeaus von "Türsteherplatz") war zum 1. mal mit mir mit Physiokraft:
Bälle fangen. Ich lustlos, sie Power in mein Gesicht und dann hatte ich auch Lust...
Patientenzimmergang war meistens vormittags mit Radfahren, Klettergerüst, desweitern.
Hackerchen im Speisesaal mit Physiolehrling (von der Tür geradeasu links oben am Fenster),
Kreuzworträtsel, Memory... im Speisesaal, oder Wochenende - auch in Bergzabern, ich hatte
nie Besuche in Alzey (2x Mutter), die hatten ihre Familie und ich hab Fernsehen z.b. im
Speisesaal gesehen und dann kamen die Besuche... Apropo Besuch: die queen mit Sohn...
Hatte ich gar nicht gewusst, ich halt Knigge und wollte nicht rumlabern. Im Endeffekt dann

3

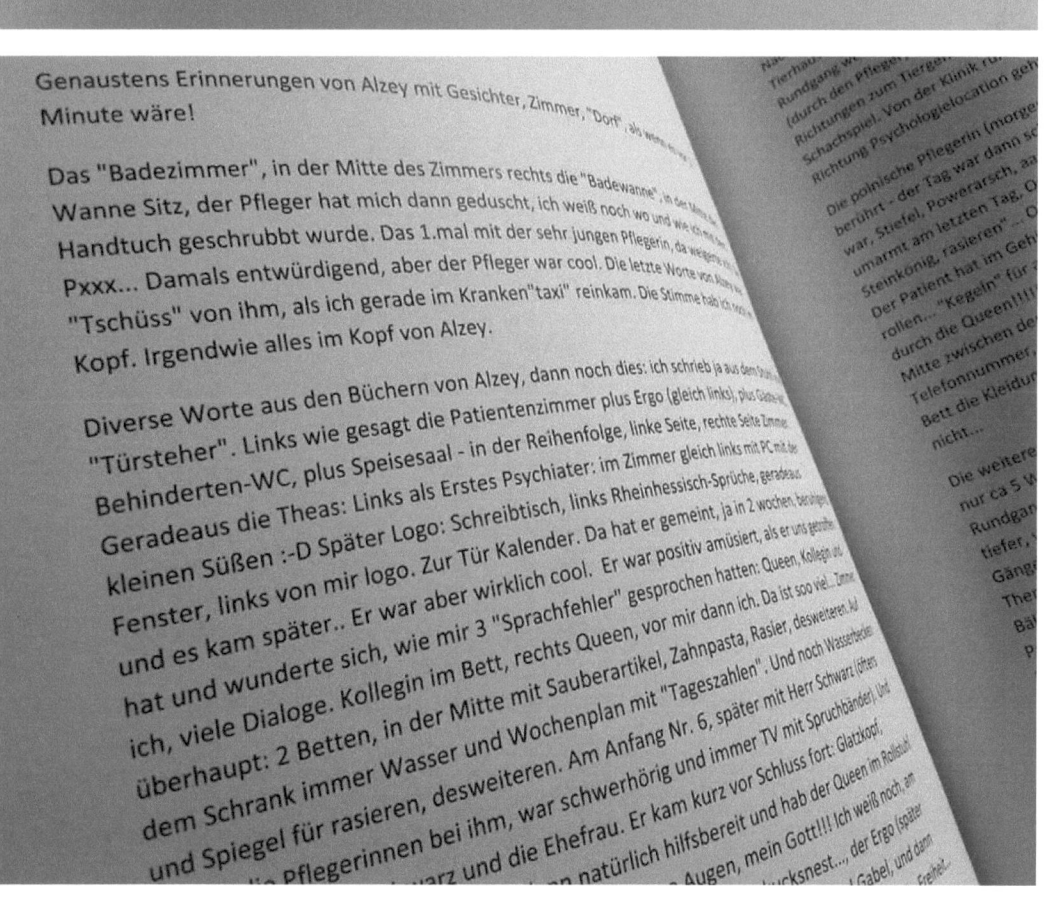

Genaustens Erinnerungen von Alzey mit Gesichter, Zimmer, "Dorf", ...
Minute wäre!

Das "Badezimmer", in der Mitte des Zimmers rechts die "Badewanne", ...
Wanne Sitz, der Pfleger hat mich dann geduscht, ich weiß noch wo und wie ...
Handtuch geschrubbt wurde. Das 1.mal mit der sehr jungen Pflegerin, da ...
Pxxx... Damals entwürdigend, aber der Pfleger war cool. Die letzte Worte von ...
"Tschüss" von ihm, als ich gerade im Kranken"taxi" reinkam. Die Stimme hab ich ...
Kopf. Irgendwie alles im Kopf von Alzey.

Diverse Worte aus den Büchern von Alzey, dann noch dies: ich schrieb ja ...
"Türsteher". Links wie gesagt die Patientenzimmer plus Ergo (gleich links), plus ...
Behinderten-WC, plus Speisesaal - in der Reihenfolge, linke Seite, rechte Seite ...
Geradeaus die Theas: Links als Erstes Psychiater: im Zimmer gleich links mit PC ...
kleinen Süßen :-D Später Logo: Schreibtisch, links Rheinhessisch-Sprüche, ...
Fenster, links von mir logo. Zur Tür Kalender. Da hat er gemeint, Ja in 2 wochen, ...
und es kam später.. Er war aber wirklich cool. Er war positiv amüsiert, als er uns ...
hat und wunderte sich, wie mir 3 "Sprachfehler" gesprochen hatten: Queen, Kollegin ...
ich, viele Dialoge. Kollegin im Bett, rechts Queen, vor mir dann ich. Da ist soo viel... ...
überhaupt: 2 Betten, in der Mitte mit Sauberartikel, Zahnpasta, Rasier, desweiteren. ...
dem Schrank immer Wasser und Wochenplan mit "Tageszahlen". Und noch Wasser...
und Spiegel für rasieren, desweiteren. Am Anfang Nr. 6, später mit Herr Schwarz ...
...Pflegerinnen bei ihm, war schwerhörig und immer TV mit Spruchbändern, ...
...arz und die Ehefrau. Er kam kurz vor Schluss fort. Glatzkopf ...
...natürlich hilfsbereit und hab der Queen im Rollstuhl ...
...Augen, mein Gott!!! Ich weiß noch, am ...
...lucksnest..., der Ergo (später ...
...Gabel, und dann

Nach 2 1/2 Jahren wieder ein ISBN-Buch... Im Endeffekt eine Fortsetzung aus den damaligen 7 2017er-ISBN-Büchern. Erinnerungen, "Break" durch Schlaganfall, Musik, Tagebuch - wie immer... Diese 7 Bücher waren DAVOR - "Music Was My First Love" war nur wenige Tage vor dem Schlaganfall. Nun eben DANACH... Es ist schwierig das Momentum hinzukriegen. Vor 1 Jahr oder 8 Monate oder 6 Monate sind die jeweiligen Ist-Gedanken in dieser Zeitoase. Da ist ein Foto in diesem Buch mit "Gefühle sind scheiße". Im November 2018.... Heute jetzt anders... Also, die Feelings dann doch anders als DAVOR, aber kein "Robotermensch"... Wer weiß?! In 6 Monate es dann doch wieder?! Neue Entwicklungen IMMER seit dem "Break". Wer weiß, was diesmal die Entwicklung mit mir treibt :-D Wie soll ich das HEUTE schreiben? Ich mach´s, damit ich die Dokumentations-Fragmente verewige... Glaub ich...

Steckbrief in meiner fb-Chronik:

Kampf, Mut, Wille, Disziplin, Stärke, Zuversicht, Gelassenheit, Demut, Harmonie, Liebe

Durch Annweiler jedes Jahr mit 4 Jahreszeiten! Freilich: in den 60ern und 70ern wars noch sehr gut! Da waren die Jahreszeiten noch Jahreszeiten! In Anweiler gibt es meinen legendären Berg. Visuell von mir sofort und nur ein paar Minuten. Und im April natürlich FRÜHLING! Seht bei meinen "Kunstwerken": Karfreitag-Fotos, Ostersamstag-Fotos & 2 geile Videos vom Frühlingsberg - mit jungem, hellgrünen Bäumen und weißen Blüten. Herrlich! Eben Frühling!! Im Juni wieder anders, im Oktober wieder anders, im Dezember wieder anders am Berg in den 4 Jahreszeiten... Und natürlich überall in Annweiler.

Annweiler ist erstmals in meinem Leben Heimat! Seit 1970 (!) meistens Kaiserslautern - wohnhaft ein bisschen mit Gerolstein, Mannheim, Stuttgart, Frankfurt/M, Hamburg, und natürlich Elternhaus Schwedelbach - tja und seit Jahrzehnten K-Town... KL ist für mich total weg! Vergangenheit! Ist 10000000 Lichtjahre weg von Kaiserslautern. Es sind erst knapp 5 Jahren in Annweiler von mir. Aber für mich ist Annweiler ewig!! "Ehemalige Freunde", Call Center Agent, Seniorenheim, Landau, 2015 "Sprung über die Schlucht", Profes-Zertifikat, einheimischen fb-Freunde, diverse Fotoalben in diversen Zeitoasen, "Break" von 2017 und nun ganz anders mit NEUEM LEBEN... Das alles in knapp 5 Jahren! Annweiler ist Heimat und ewig - KL ist nur noch verflossene Erinnerung...

Zeit ist tatsächlich relativ! KL ist einfach weggewischt! Nur noch Erinnerungen an Old Vienna, Smile oder Ting oder Trocadero oder Rodenbach, Obermohr, Vogelbach, aber es ist weg. Zeit ist tatsächlich relativ mit Annweiler am Trifels - nuur knapp 5 Jahre...

IDYLLE - eine Weltkriegsprosa

Sonne, blauer Himmel, Ruhe

Wie immer ohne Nachrichten

Womöglich irgendwann Donner

Ramstein Air Base ist um die Ecke

Sonne, blauer Himmel, Ruhe

Atombombe über Ramstein

Kein riechen und schmecken

Ohne Nachrichten aufeinmal verstrahlt

Sonne, blauer Himmel, Ruhe

Positive Energie mit starkem Geist

Ich scheiße auf Markus Lanz

Ich scheiße auf die Bildzeitung

Sonne, blauer Himmel, Ruhe

Die NWO ist definitiv da

Russland und China ziehen es durch

USA und NATO ziehen es durch

Gerd Steinkoenig Gerd F Steinkoenig Gerd Gerd

28. April 2022

23. April 2015 - gut einen Monat vor dem Abschied von K-Town zu Annweiler! Ca 10 Jahre war meine Molly immer in ihrem großen Revier! Immer neugierig, auch mal gechillt und unter ihrem Tannenbäumchen geschlafen, oder 2 bestimmte Vögel immer gejagt und raufgeklettert, pure Lebensfreude und Freiheit von meinem Katzemäädsche Molly... Bei weiteren Büchern sind weitere Erinnerungen (z.B. das Mäuschen, die Katzenclique etc...).

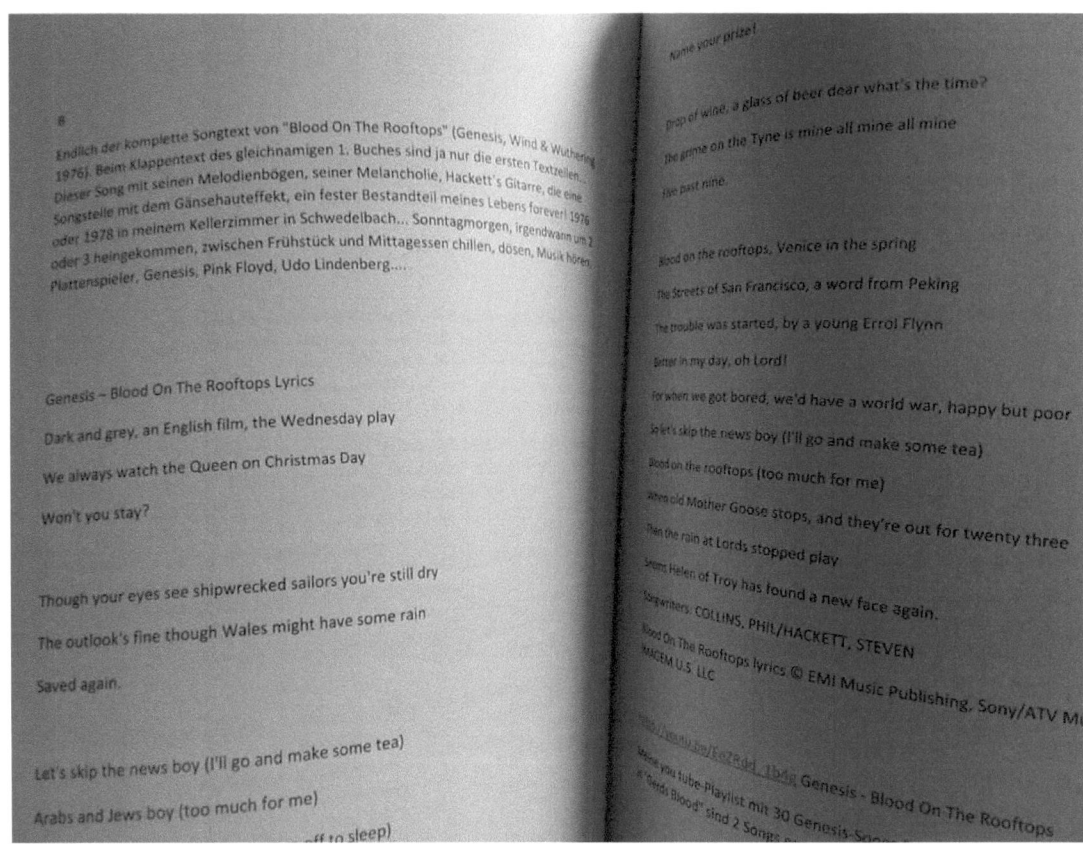

Beatrice - Ist echt super mit dem "Königspinguin"-Aufsatz mit dem Leben an sich...

Michelle - Auf jeden Fall! Und die Dokus von der Klinik Alzey...

EPILOG

Beatrice - Kommt du klar mit diesem Buch? Ich muss los, mal wieder Stress im Weltraum!

Michelle - Du Arme, du bist ja schon wie Doctor Who aus der SF-Serie... Gerd hat gelesen und meint, wir machen sowieso Schluss! Es soll das letzte Buch durch uns sein. Und keine facebook-Trips oder Themen-Wiederholungen. Er hat für uns 3 Sachen zur Verfügung gestellt - einfach ohne Worte... Nur noch schnell: der Wald ist am 1. Jahrestag von Mollys nächste Lebensdimension - und er hat sie nicht gefunden. Ein Wald ist eben so... Tschüss liebste Beatrice!!

Beatrice - Tschüss, liebste Michelle!!

"Was ist die Einsamkeit?", fragt der kleine Prinz.
"Es ist die Begegnung mit sich selbst
und kein Grund zur Traurigkeit,
es ist ein Moment der Reflexion

Herstellung und Verlag: BoD – Books on Demand, Norderstedt
ISBN: 9783756224678